À Gérard, Dany, Doursaf, Ayden et Ewan,
grands passionnés de dinosaures.

Thierry Tortosa

À Céleste, passionnée par la biodiversité,
et Octave, futur mathématicien.

Vincent Desplanche

Ce livre est imprimé sur du papier issu de forêts gérées durablement.

Crédit photos : Fond couverture, gardes, p 10, 11, 14, 17, 22-23, 72, 73, 74-75 : © Shutterstock

Loi n°49-956 du 16 juillet 1949 sur les publications destinées à la jeunesse,
modifiée par la loi n°2011-525 du 17 mai 2011.

ISBN : 978-2-09-503494-8
Achevé d'imprimer en août 2024 par PPO Graphic Palaiseau 91120
N° d'éditeur : 374768 / 10297184 - Dépôt légal : octobre 2024

QUESTIONS RÉPONSES

DÈS 5 ANS

Tous les DINOSAURES

Texte de **Thierry Tortosa**
Illustrations de **Vincent Desplanche**
Michel Fontaine
et **Prisca Le Tandé**

Nathan

SOMMAIRE

AU TEMPS DES DINOSAURES

LES GRANDES FAMILLES

LA FIN DES DINOSAURES ?

AU TEMPS DES DINOSAURES

LES GRANDES ÉTAPES DE LA VIE SUR TERRE

Comment la Terre s'est-elle formée ?

Au départ, c'était un nuage de poussière qui, peu à peu, est devenu une boule par accumulation de débris. Notre planète était très chaude, couverte de volcans : en se refroidissant, la lave a formé la croûte terrestre. L'eau s'est accumulée pour former les océans.

Quand est apparue la vie sur Terre ?

Les plus anciennes traces de vie connues à l'état fossile datent de 3,8 milliards d'années. Mais la vie est certainement encore plus ancienne.

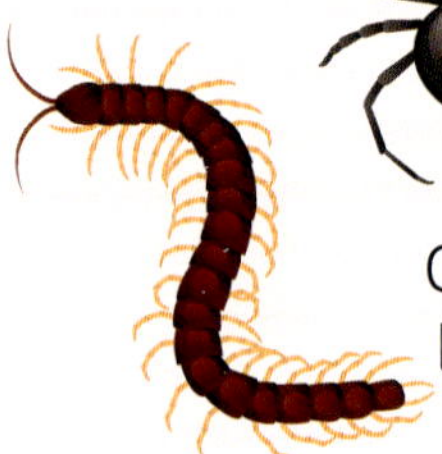

Qui sont les premiers animaux terrestres ?

Ce sont les mille-pattes et les araignées, puis les amphibiens (grenouilles et salamandres). C'était bien avant l'apparition des premiers dinosaures qui date de 233 millions d'années !

Quels animaux ont connu les peuples préhistoriques ?

Les premiers êtres humains ont chassé de nombreux animaux tels que le mammouth, le rhinocéros laineux, le bison, l'antilope, l'ours et le lion des cavernes. Ils sont apparus bien après les dinosaures !

lion des cavernes

Aujourd'hui

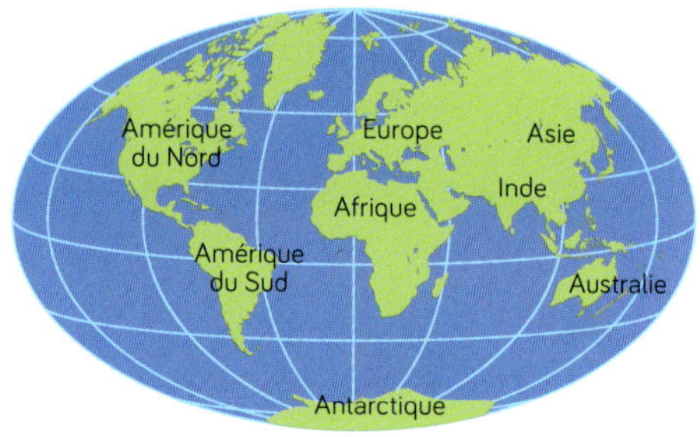

Crétacé

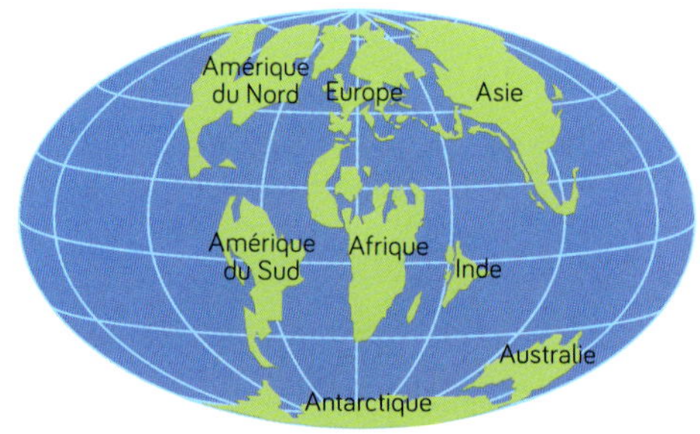

Jurassique

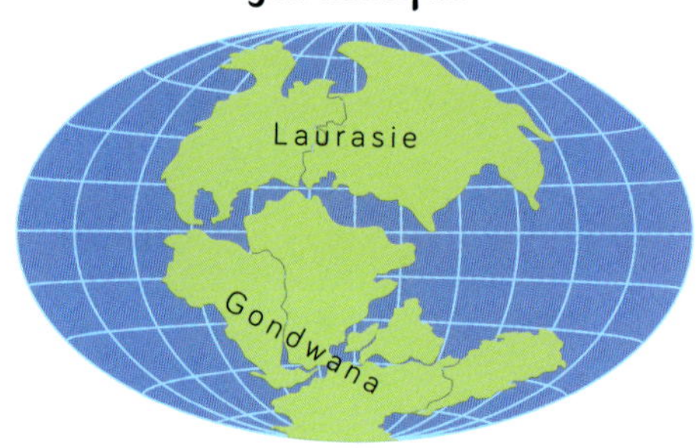

Permien

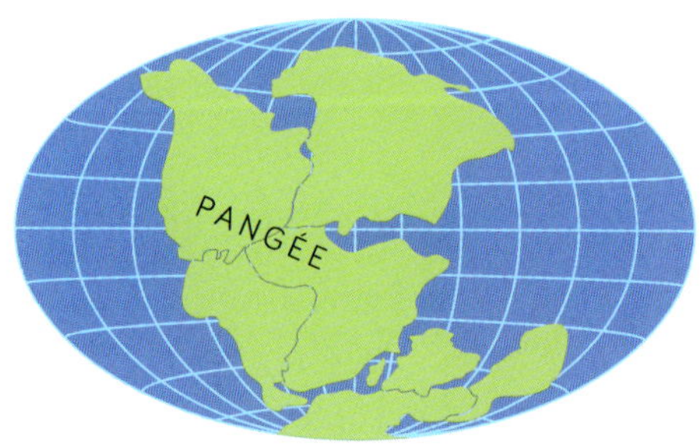

Qu'est-ce que la Pangée ?

C'est un super continent unique qui s'est formé durant le Permien. Il s'est divisé en 2 durant le Jurassique, formant la Laurasie et le Gondwana. À la fin du Crétacé, les continents deviennent ceux que l'on connaît aujourd'hui.

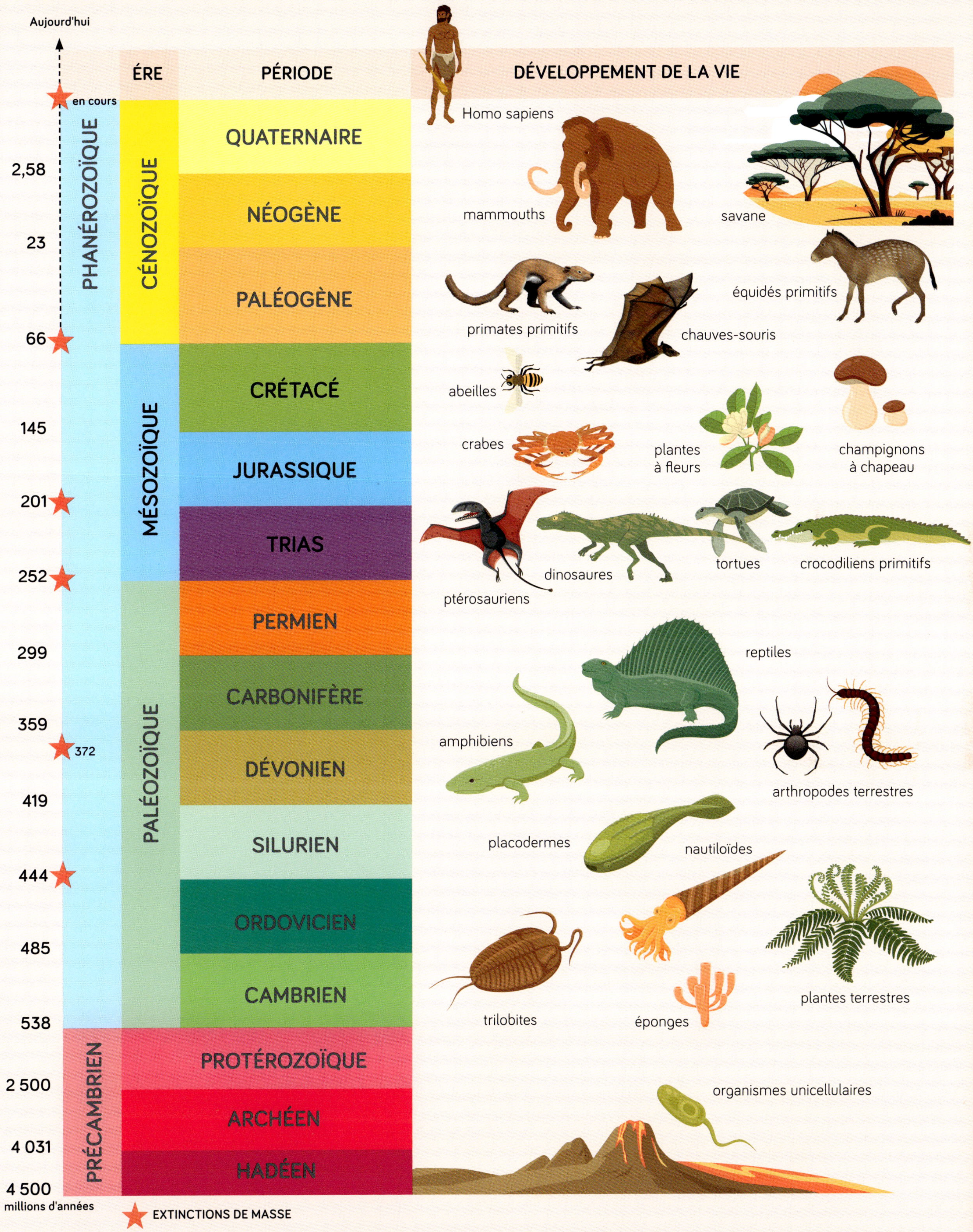
Aujourd'hui
ÈRE
PÉRIODE
DÉVELOPPEMENT DE LA VIE
en cours
PHANÉROZOÏQUE
CÉNOZOÏQUE
QUATERNAIRE
Homo sapiens
2,58
NÉOGÈNE
mammouths
savane
23
PALÉOGÈNE
primates primitifs
chauves-souris
équidés primitifs
66
MÉSOZOÏQUE
CRÉTACÉ
abeilles
145
crabes
plantes à fleurs
champignons à chapeau
JURASSIQUE
201
TRIAS
ptérosauriens
dinosaures
tortues
crocodiliens primitifs
252
PALÉOZOÏQUE
PERMIEN
299
reptiles
CARBONIFÈRE
359
amphibiens
372
DÉVONIEN
arthropodes terrestres
419
SILURIEN
placodermes
nautiloïdes
444
ORDOVICIEN
485
CAMBRIEN
trilobites
éponges
plantes terrestres
538
PRÉCAMBRIEN
PROTÉROZOÏQUE
2 500
organismes unicellulaires
ARCHÉEN
4 031
HADÉEN
4 500
millions d'années
EXTINCTIONS DE MASSE

L'ORIGINE DES DINOSAURES

Qui sont les plus proches cousins des dinosaures ?

Les dinosaures ont pour cousins les ptérosauriens et les crocodiliens. Ensemble, ils appartiennent à une même et grande famille : les archosauriens.

À quoi ressemblent les ancêtres des dinosaures ?

Ils ont un long cou et de longues pattes fines. On les classe au sein des dinosauromorphes.

Trias supérieur | 50 cm de long | Argentine | carnivore

Quel prédateur est plus grand que les premiers dinosaures ?

Vivant durant le Trias, les rauisuchidés sont des reptiles plus gros que les premiers dinosaures carnivores ! Ils ont une énorme tête et se déplacent à quatre pattes.

Trias moyen | 4 m de long | Brésil | carnivore

Où vivent les premiers dinosaures ?

Les premiers dinosaures seraient apparus au cœur du continent appelé « Pangée ». Avec le changement de climat et de végétation, ils se répandent rapidement partout.

Quel est l'âge d'or des dinosaures ?

Les dinosaures ont dominé la Terre entre le Jurassique et le Crétacé. Durant cette période, ils se diversifient : certains deviennent géants et d'autres s'envolent !

Les oiseaux sont une famille de dinosaures qui a survécu à l'extinction de masse il y a 66 millions d'années. Le règne des dinosaures n'est donc pas terminé !

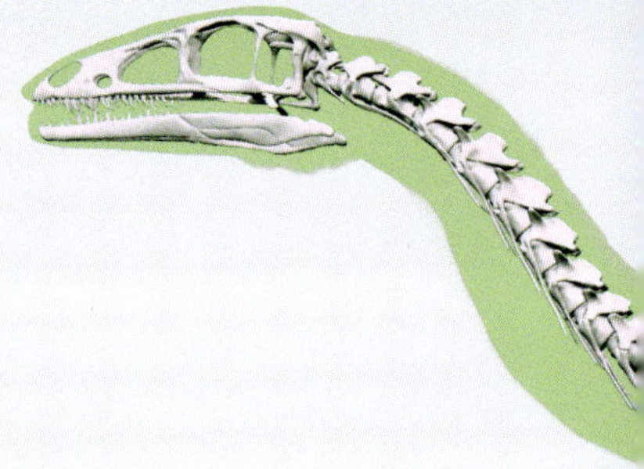

DES REPTILES PAS COMME LES AUTRES

Qu'est-ce qu'un dinosaure ?

C'est un reptile dont les membres sont en position verticale sous le corps. Les autres reptiles se déplacent avec leurs membres fléchis sur les côtés.

dinosaures (tricératops) **autres reptiles (shringasaure)**

Comment sait-on à quoi ils ressemblent ?

Chaque découverte permet de reconstituer leur anatomie et leur apparence. Pour les parties manquantes, on s'inspire de squelettes ou d'ossements connus et ressemblants chez les autres dinosaures.

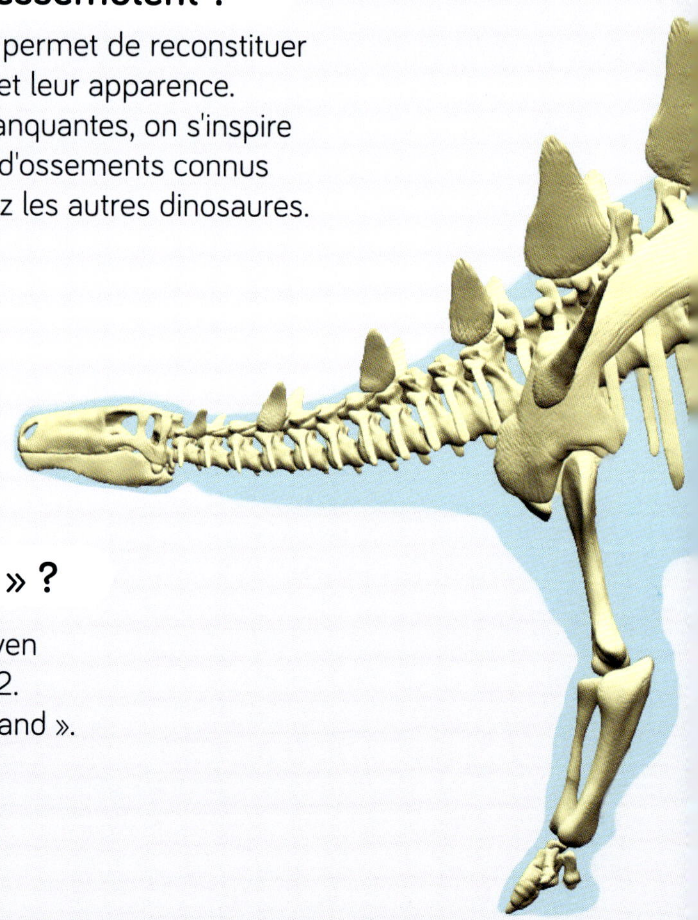

Qui a inventé le mot « dinosaure » ?

C'est le paléontologue anglais Richard Owen qui inventa le mot « *dinosauria* » en 1842. Il signifie en français « lézard terriblement grand ».

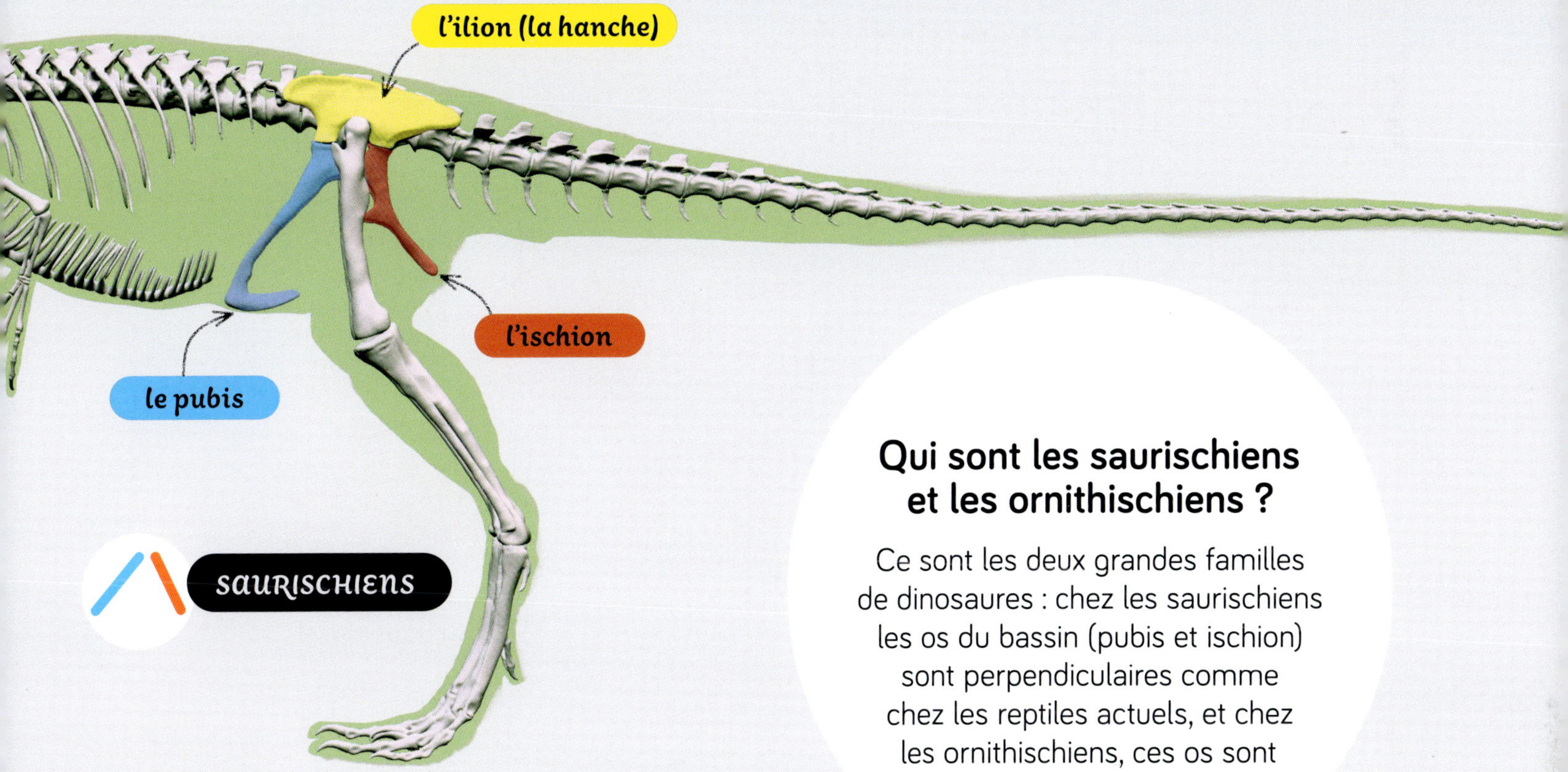

Qui sont les saurischiens et les ornithischiens ?

Ce sont les deux grandes familles de dinosaures : chez les saurischiens les os du bassin (pubis et ischion) sont perpendiculaires comme chez les reptiles actuels, et chez les ornithischiens, ces os sont parallèles comme chez les oiseaux actuels.

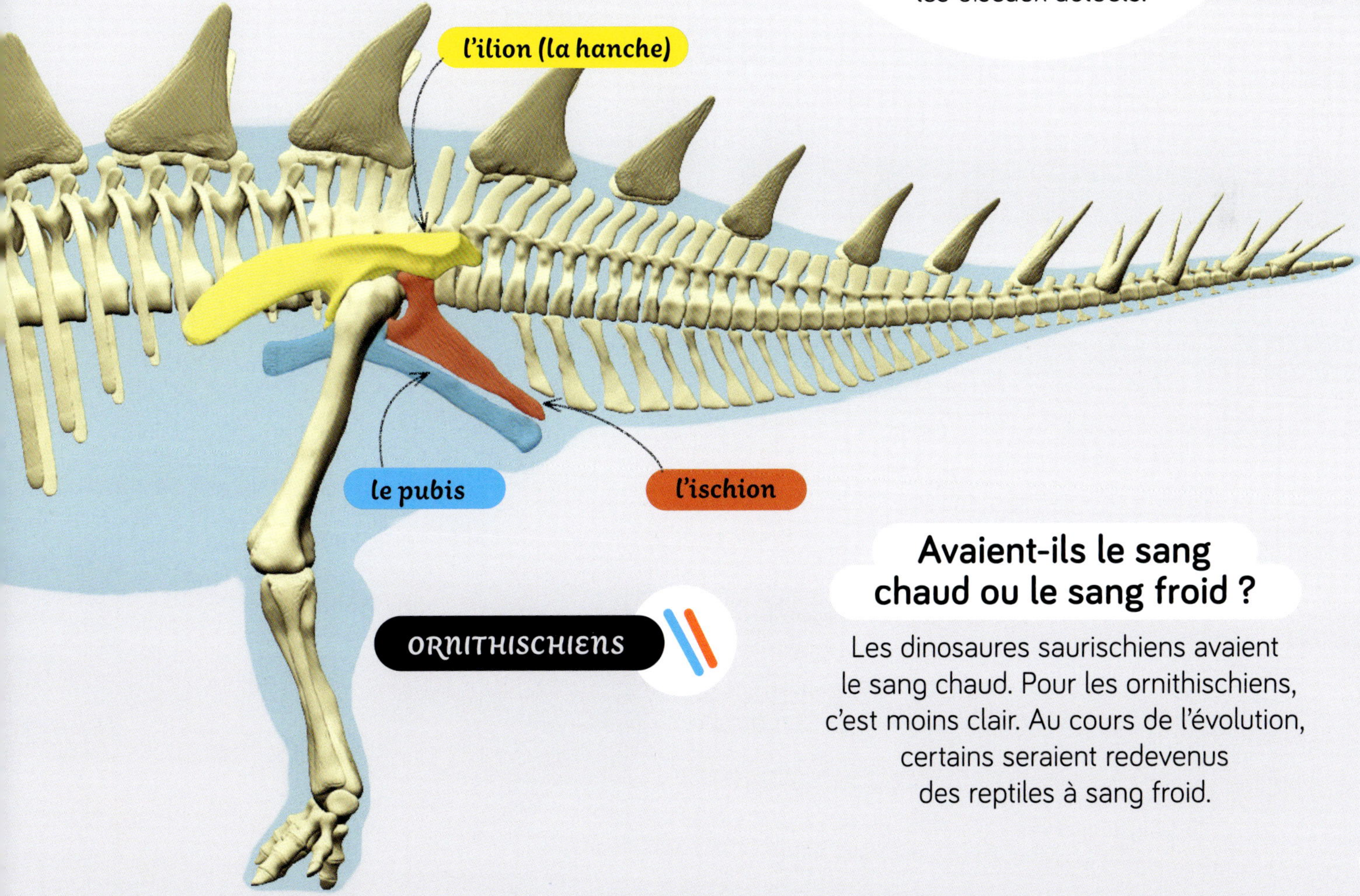

Avaient-ils le sang chaud ou le sang froid ?

Les dinosaures saurischiens avaient le sang chaud. Pour les ornithischiens, c'est moins clair. Au cours de l'évolution, certains seraient redevenus des reptiles à sang froid.

QUELLE ALLURE !

Les mâles sont-ils différents des femelles ?

Comme chez la plupart des animaux actuels, les dinosaures mâles paradent devant les femelles en exposant fièrement leurs cornes, crêtes ou bosses, selon les espèces.

INCROYABLE !

Les coprolithes sont des excréments fossilisés ! Ils renferment des informations sur les habitudes alimentaires des dinosaures : type de végétaux ou os des proies.

De quelles couleurs sont les dinosaures ?

La pigmentation de peau fossile indique que les dinosaures à plumes ont des couleurs vives et irisées, alors que les herbivores sont de couleurs ternes.

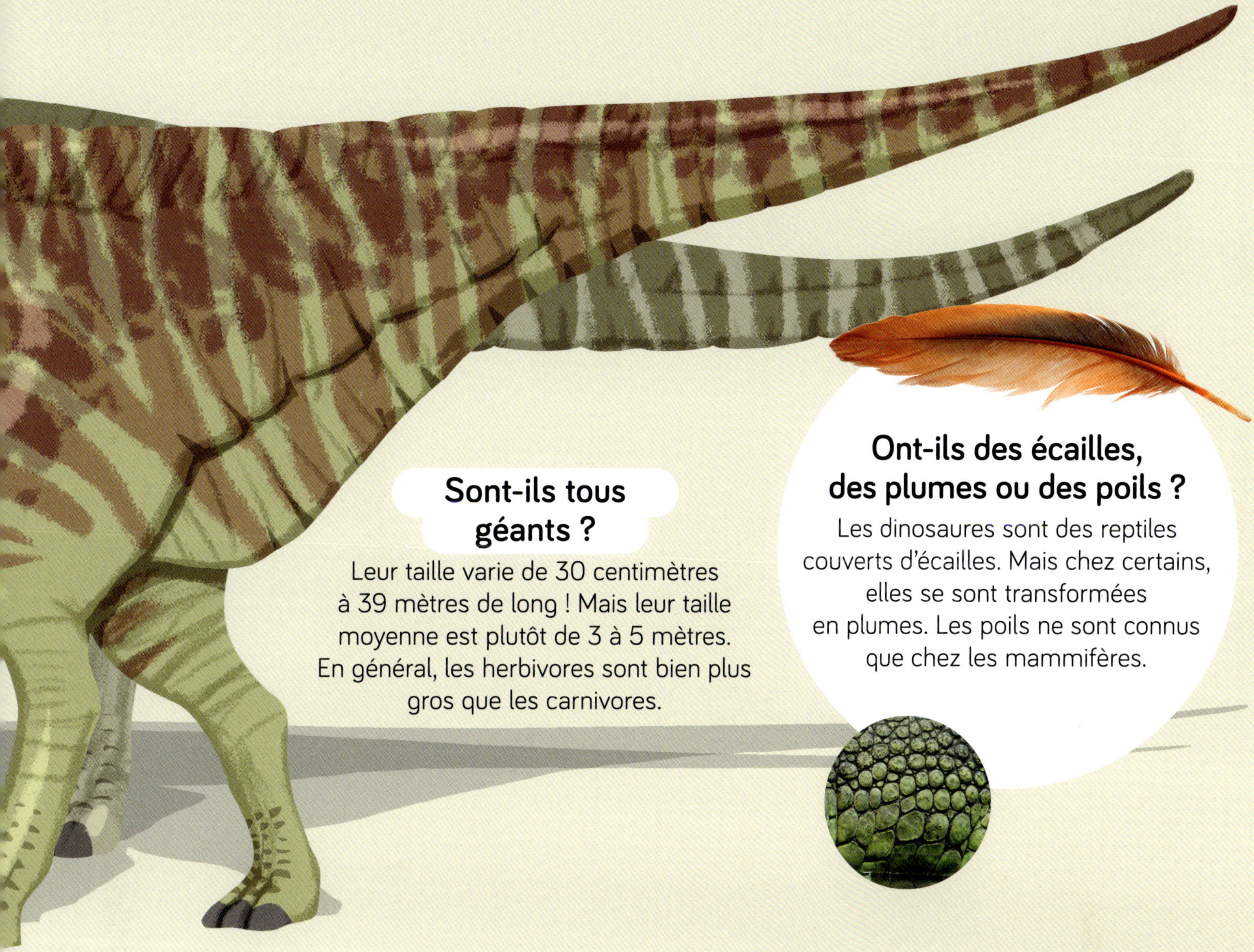

Sont-ils tous géants ?

Leur taille varie de 30 centimètres à 39 mètres de long ! Mais leur taille moyenne est plutôt de 3 à 5 mètres. En général, les herbivores sont bien plus gros que les carnivores.

Ont-ils des écailles, des plumes ou des poils ?

Les dinosaures sont des reptiles couverts d'écailles. Mais chez certains, elles se sont transformées en plumes. Les poils ne sont connus que chez les mammifères.

Les dinosaures sont-ils bêtes ?

Les dinosaures ont l'intelligence des reptiles actuels. Seuls les raptors et les oiseaux possèdent un gros cerveau. Cela les rend plus malins, comme les mammifères !

borealopelta
Crétacé inférieur | 5,5 m de long | Canada

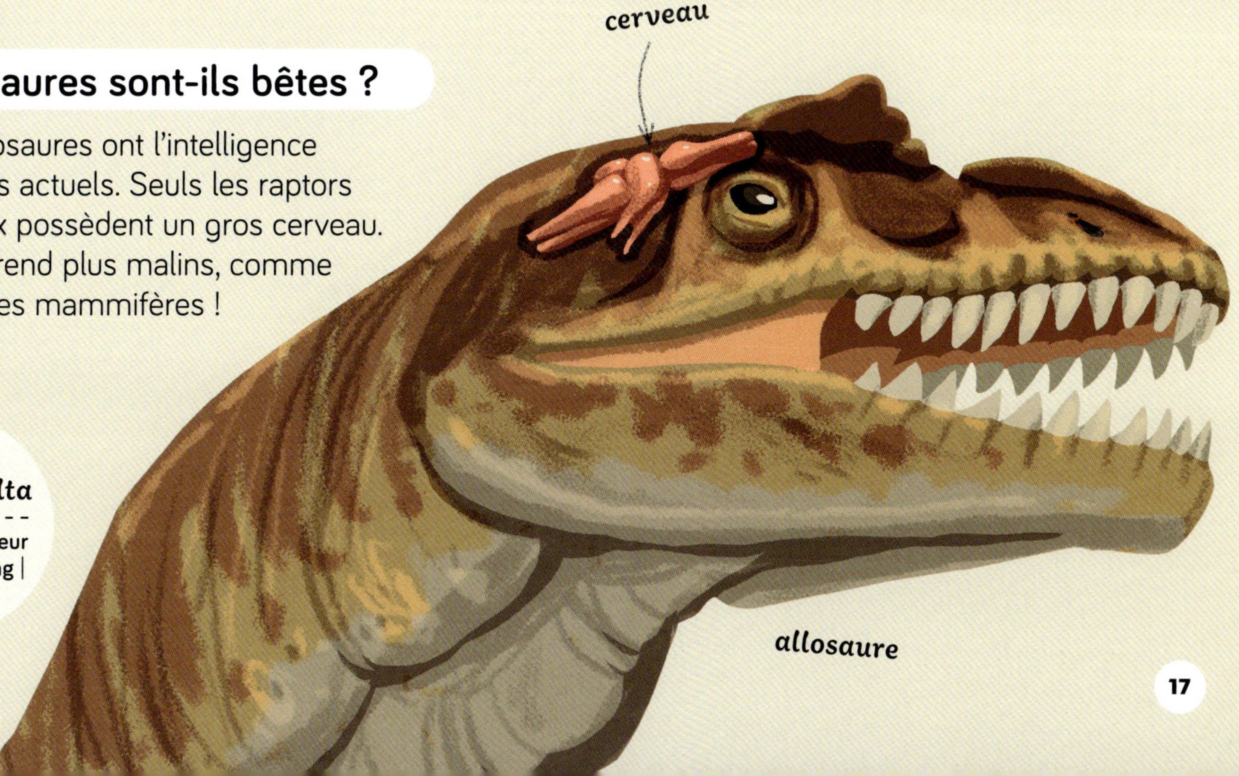

LEUR MODE DE VIE

carnivore

Herbivores ou carnivores ?

Les dinosaures aux larges dents plates mangent des plantes ou des fruits, tandis que ceux aux dents pointues se nourrissent d'insectes ou d'autres animaux. Quant aux omnivores, ils ont un bec ou des dents coupantes !

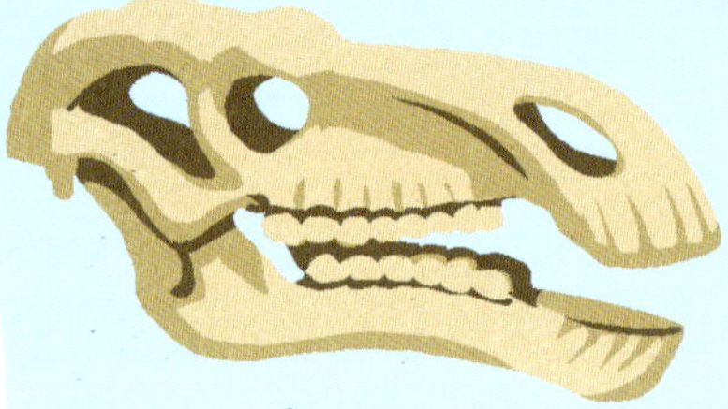

herbivore

Les dinosaures vivent-ils dans l'eau ?

Ils vivent principalement sur terre, mais certains comme le spinosaure ou le baryonyx passent leur temps à chasser dans l'eau. Ils savent donc bien nager !

Les dinosaures vivent-ils dans les airs ?

Non, pas vraiment. Ils sont terrestres mais certaines petites espèces ont tenté le vol plané grâce à leurs plumes. Avec le temps, ils ont évolué pour devenir les oiseaux.

Les dinosaures migrent-ils ?

De longues pistes d'empreintes suggèrent que certains dinosaures herbivores se déplacent en troupeaux pour migrer entre le Nord et le Sud selon les saisons.

Peuvent-ils se blesser ou être malades ?

La découverte d'os fossiles avec des traces de maladie ou des fractures qui ont cicatrisé montre que les dinosaures peuvent guérir ou survivre avec des blessures.

LA NAISSANCE DES BÉBÉS

À quoi sert un œuf ?

L'œuf est à la fois une protection et une réserve de nourriture pour l'embryon qui y grandit. Une fois développé, le petit dinosaure sort de l'œuf.

MASSOSPONDYLUS

Jurassique inférieur

6 m de long

Afrique du Sud, Lesotho, Zimbabwe

omnivore

Les dinosaures s'occupent-ils de leurs petits ?

Après l'éclosion, les bébés massospondylus n'ont pas de dents et ne peuvent pas se déplacer correctement. Les parents leur apportent la nourriture et protègent le nid.

Comment sont les nids ?

Selon les familles de dinosaures, la manière de s'occuper des œufs varie : dans un trou recouvert de terre et de feuilles ou sur un monticule de terre.

À qui appartiennent ces œufs ?

Ces nids d'une trentaine d'œufs sphériques, mesurant 5 à 6 centimètres, ont révélé la présence d'embryons. L'étude des petits os indique que ce sont des massospondylus !

Quelle est la forme des œufs ?

Ils peuvent être sphériques, ovales ou elliptiques. Selon les espèces, la taille varie de quelques millimètres à presque 40 centimètres !

CE NE SONT PAS DES DINOSAURES !

ichthyosaure

Qui ressemble à un dauphin ?

Les ichthyosauriens sont des reptiles marins taillés pour la vitesse. La forme de leur corps rappelle celle des dauphins. Ils peuvent mesurer jusqu'à 20 mètres !

pliosaure

Qui sont les premiers superprédateurs marins ?

Deux familles de reptiles marins sont redoutables : les pliosauroïdés au cou court et à la tête allongée et les plésiosauroïdés au long cou flexible et à petite tête.

plésiosaure

mosasaure

Qui sont les mosasauriens ?

Mesurant jusqu'à 15 mètres, ils sont les derniers reptiles marins qui terrorisent les océans. Ils sont les descendants de sortes de varans terrestres !

pteranodon

Que sont les reptiles volants ?

Les ptérosauriens sont des reptiles qui volent dans les airs. Ils ont des crêtes de formes variées et certains atteignent la taille d'un petit avion !

INCROYABLE !

Il existe beaucoup d'espèces aquatiques et terrestres, parfois de tailles impressionnantes : 4 mètres pour une tortue marine et 12 mètres pour un crocodile !

archélon

sarcosuchus

Qu'est-ce que le dimétrodon ?

Souvent pris pour un dinosaure, le dimétrodon est un reptile bien plus ancien, datant du Permien. L'anatomie de son crâne est plus proche de celle des mammifères !

dimétrodon

UNE TRÈS GRANDE FAMILLE

Combien d'espèces de dinosaures existe-t-il ?

Il existe plus de 1200 genres de dinosaures. Le nombre d'espèces est difficile à compter car les paléontologues ne sont pas toujours d'accord entre eux.

Qu'est-ce qu'un arbre de l'évolution ?

Il représente les liens de parenté entre les différents dinosaures au cours du temps. Chaque branche est une famille ou une espèce, et chaque nœud est un ancêtre commun.

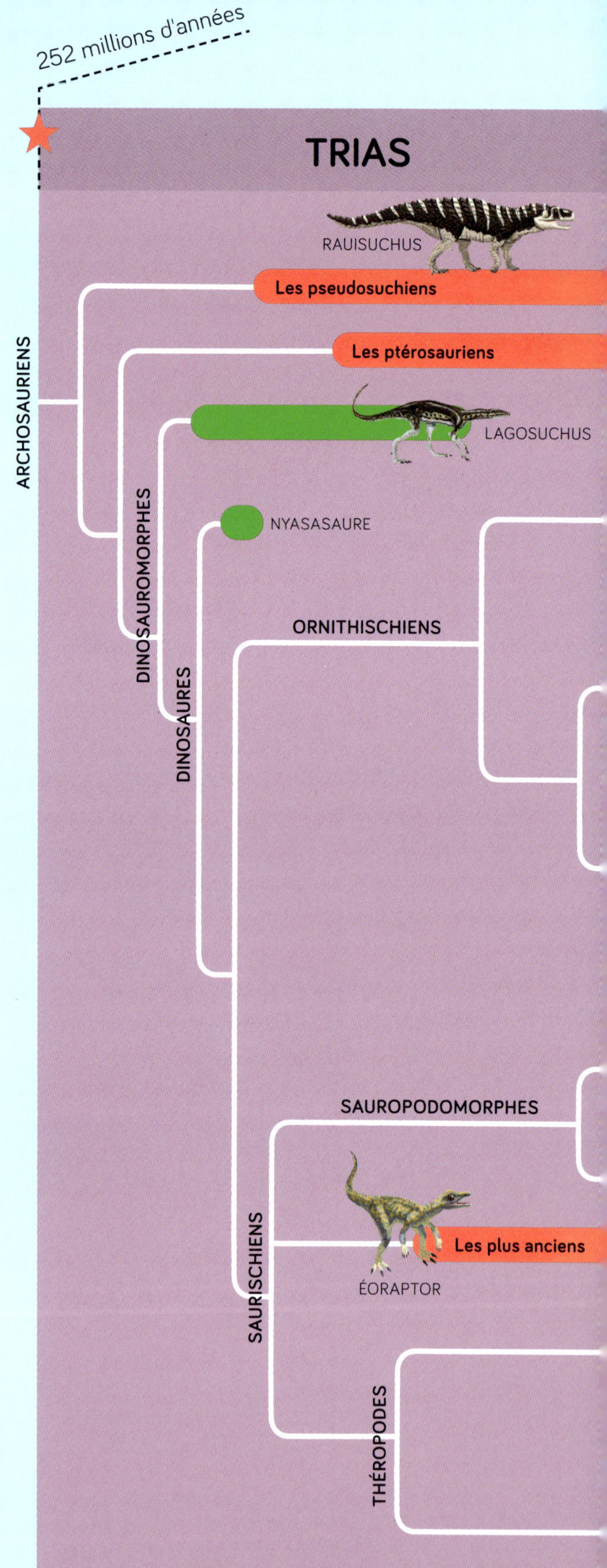

Qui mange quoi ?

Certains dinosaures se nourrissent de plantes, ils sont herbivores. D'autres mangent d'autres animaux : ils sont carnivores. Et enfin certains apprécient les deux : ils sont omnivores !

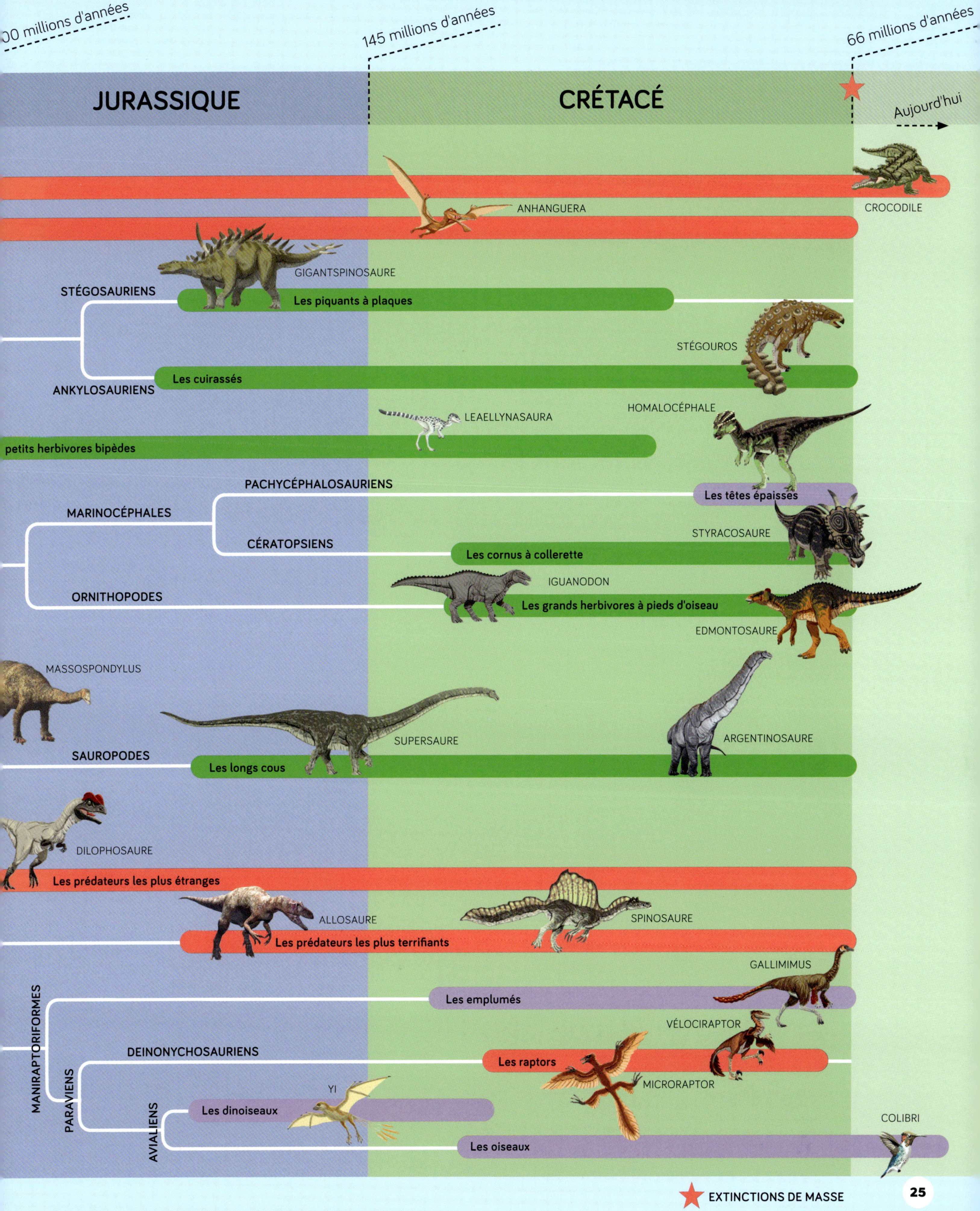
00 millions d'années
145 millions d'années
66 millions d'années
JURASSIQUE
CRÉTACÉ
Aujourd'hui
ANHANGUERA
CROCODILE
GIGANTSPINOSAURE
STÉGOSAURIENS
Les piquants à plaques
STÉGOUROS
Les cuirassés
ANKYLOSAURIENS
LEAELLYNASAURA
HOMALOCÉPHALE
petits herbivores bipèdes
PACHYCÉPHALOSAURIENS
Les têtes épaisses
MARINOCÉPHALES
STYRACOSAURE
CÉRATOPSIENS
Les cornus à collerette
IGUANODON
ORNITHOPODES
Les grands herbivores à pieds d'oiseau
EDMONTOSAURE
MASSOSPONDYLUS
SUPERSAURE
ARGENTINOSAURE
SAUROPODES
Les longs cous
DILOPHOSAURE
Les prédateurs les plus étranges
ALLOSAURE
SPINOSAURE
Les prédateurs les plus terrifiants
GALLIMIMUS
MANIRAPTORIFORMES
Les emplumés
VÉLOCIRAPTOR
DEINONYCHOSAURIENS
Les raptors
MICRORAPTOR
YI
PARAVIENS
AVIALIENS
Les dinoiseaux
COLIBRI
Les oiseaux
EXTINCTIONS DE MASSE

LES GRANDES FAMILLES

LES PLUS ANCIENS

Les saurischiens primitifs, les coelophysoïdés

Le procompsognathus est-il l'ancêtre du compsognathus ?

Le procompsognathus a d'abord été pris pour l'ancêtre du compsognathus, un autre petit carnivore découvert en Allemagne. Mais ils sont en fait très différents et séparés de 100 millions d'années !

Trias supérieur | 1,2 m de long | Allemagne | carnivore

Pourquoi a-t-on découvert des centaines de squelettes de cœlophysis au même endroit ?

On pense qu'il s'agit d'un groupe en train de chasser, surpris par la soudaine crue d'une rivière, qui les aurait emportés et noyés.

Trias supérieur | 3 m de long | États-Unis | carnivore

herrerasaure

Qui est le plus ancien dinosaure connu ?

L'herrerasaure est le plus ancien dinosaure connu, avec un squelette découvert presque complet. Son crâne rectangulaire ressemble encore à celui de ses ancêtres non dinosaures.

Trias supérieur | 3 m de long | Argentine | carnivore

éoraptor

Qui possède le surnom de voleur, mais n'en est pas un ?

L'éoraptor est un petit dinosaure bipède évoquant ceux surnommés « raptors », « voleurs ». Mais c'est en fait l'un des ancêtres des gigantesques dinosaures à long cou !

Trias supérieur | 1 m de long | Argentine | omnivore

daemonosaure

Qui est le lézard démoniaque ?

Le daemonosaure possède un crâne court et arrondi. Ses dents de devant sont plus longues que les autres, ce qui lui donne un aspect effroyable !

Trias supérieur | 2,5 m de long | États-Unis | carnivore

nyasasaure

Trias moyen | 2,5 m de long | Tanzanie | alimentation inconnue

INCROYABLE !

Le nyasasaure pourrait être un dinosaure encore plus ancien que les autres ! Après leur découverte, ses os ont été oubliés, rangés dans des collections. Ils ont attendu 100 ans pour être étudiés !

LES PIQUANTS À PLAQUES

Les stégosauriens

stégosaure

À quoi servent les plaques osseuses sur le dos du stégosaure ?

Peut-être à contrôler sa température en captant plus de soleil ou à paraître plus grand face aux prédateurs.

Jurassique supérieur | 9 m de long | États-Unis, Portugal | herbivore

loricatosaure

Le loricatosaure a-t-il des plaques ou des épines ?

Le dos du loricatosaure est protégé par une série d'épines osseuses. Cette défense est bien plus piquante que des plaques triangulaires !

Jurassique moyen | 6 m de long | Angleterre, France | herbivore

Pourquoi le jakapil est-il si particulier ?

Le jakapil est mi-dinosaure à plaques, mi-dinosaure à cuirasse, il est bipède ! Son corps est protégé par des petites plaques et des épines osseuses de son cou jusqu'à sa queue !

Crétacé supérieur | 1 m de long | Argentine | herbivore

jakapil

Que porte le gigantspinosaure sur les épaules ?

Comme son nom l'indique, le gigantspinosaure porte une « gigantesque épine osseuse » sur chaque épaule. Qui s'y frotte, s'y pique !

Jurassique supérieur | 4 m de long | Chine | herbivore

gigantspinosaure

À quoi sert le cou du dacentrurus ?

Le dacentrurus possède un cou bien plus long que les autres dinosaures à piquants. Il s'en sert pour se nourrir des plus hautes feuilles situées dans les arbres.

Jurassique supérieur | 6 m de long | Angleterre, Espagne, France, Portugal | herbivore

INCROYABLE !

Les dinosaures à plaques ont pour point commun une queue garnie d'épines qu'on appelle le « thagomiser » ! Cette défense leur permet de repousser les grands carnivores.

dacentrurus

STÉGOSAURES EN DANGER !

Comment piéger une proie ?

Les prédateurs tendent des pièges à leurs proies en s'embusquant, puis en bondissant par surprise. Ils utilisent leurs griffes pour les maintenir tout en les mordant.

Comment les herbivores repoussent-ils les carnivores ?

Certains essaient d'impressionner l'agresseur en agitant leur collerette ou leurs plaques osseuses, d'autres utilisent leurs défenses : queue, piquants et cornes.

Qui sera au menu ?

En général, les prédateurs choisissent d'attaquer les plus fragiles du groupe : les petits, les malades, les plus vieux, ou une imprudente proie isolée.

ALLOSAURE

Jurassique supérieur

10 m de long

États-Unis, Portugal

carnivore

STÉGOSAURE

- Jurassique supérieur
- 6,5 m de long
- États-Unis
- herbivore

Pourquoi les herbivores vivent-ils en groupe ?

Les dinosaures vivant en groupe doivent s'organiser pour protéger leurs nids et leurs petits. Ils surveillent et préviennent en cas d'arrivée de prédateur.

Comment protègent-ils leurs petits ?

Les adultes s'interposent entre les prédateurs et les petits pour faire une barrière de cornes ou de piquants difficile à franchir.

LES CUIRASSÉS

Les ankylosauriens

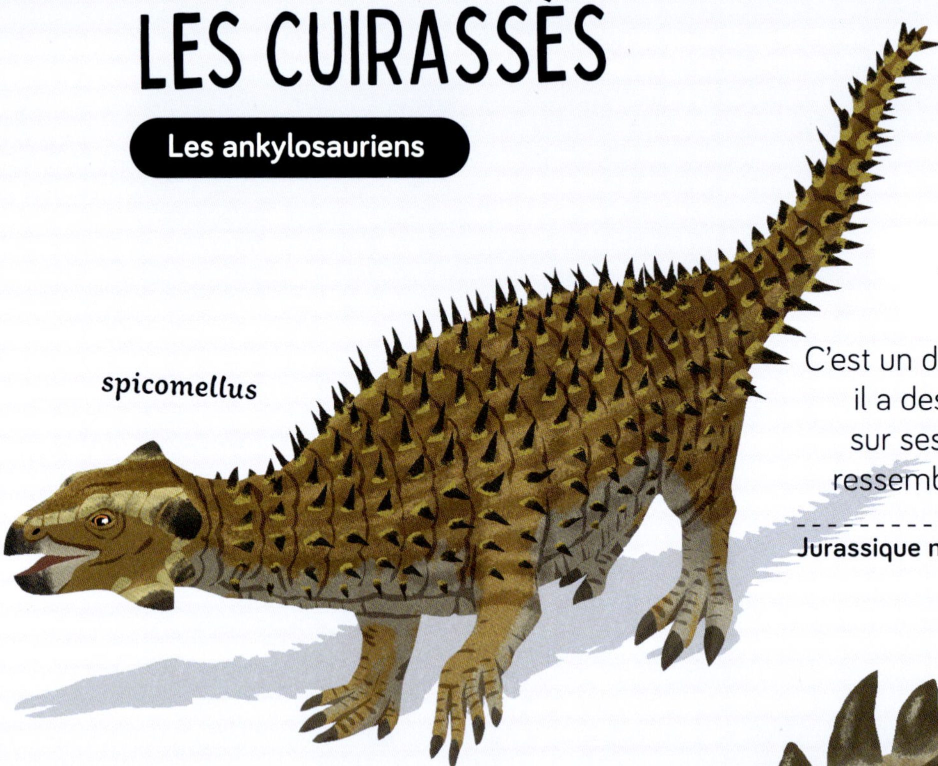

spicomellus

À quoi ressemble le spicomellus ?

C'est un dinosaure cuirassé très particulier : il a des épines poussant directement sur ses côtes. Il doit son nom à cette ressemblance avec le collier à pointes !

Jurassique moyen | 3 m de long | Maroc | herbivore

euoplocéphalus

Qui possède des paupières blindées ?

L'euoplocéphalus est un vrai char d'assaut. Son armure osseuse est si développée que même ses paupières sont faites d'os !

Crétacé supérieur | 6 m de long | Canada | herbivore

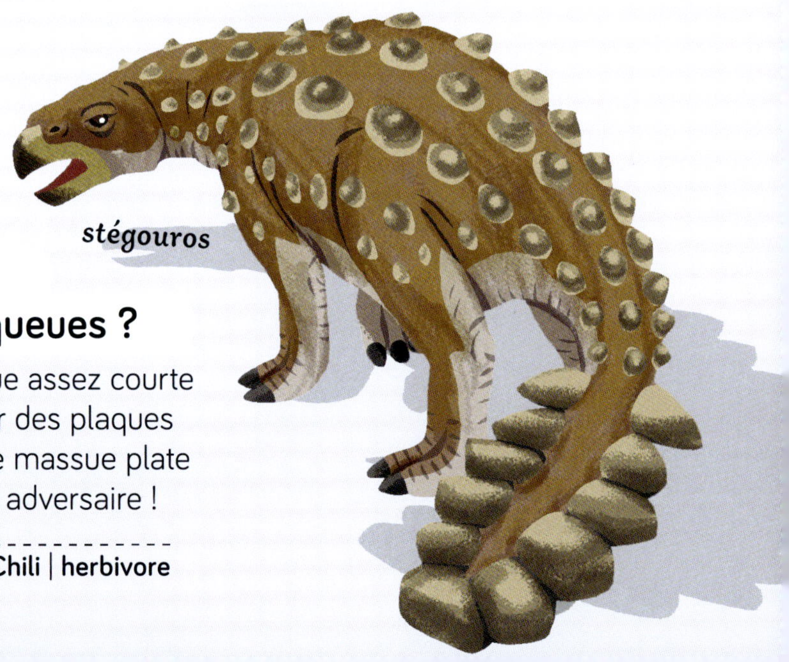

stégouros

Qui possède la plus étrange des queues ?

Le stégouros possède une queue assez courte dont l'extrémité se termine par des plaques fusionnées et forme une grosse massue plate et ovale pour assommer son adversaire !

Crétacé supérieur | 2 m de long | Chili | herbivore

ankylosaure

Qui est le plus gros cuirassé ?

L'ankylosaure est une forteresse vivante. Son armure est composée de centaines de nodules osseux le protégeant des attaques, même celles du tyrannosaure !

Crétacé supérieur | 8 m de long | Canada, États-Unis | herbivore

sauropelta

INCROYABLE !

Certains cuirassés possèdent une massue osseuse au bout de la queue pour se défendre. Elle pourrait aussi servir de leurre en imitant leur tête pour tromper les prédateurs !

Qui est surnommé le « bouclier » ?

Le sauropelta est un bouclier sur pattes ! Son dos est protégé par une cuirasse de nodules osseux et d'énormes épines bordent son cou et ses épaules.

Crétacé inférieur | 6 m de long | États-Unis | herbivore

LES TÊTES ÉPAISSES

Les pachycéphalosauriens

stégoceras

Pourquoi pensait-on que le stégoceras était carnivore ?

Parce qu'il possède des dents dentelées comme des couteaux. Mais leur forme et leur usure sont celles d'un herbivore, qui mange parfois des insectes.

Crétacé supérieur | 2,5 m de long | Canada, États-Unis | omnivore (jeune), herbivore

Comment se défend le sphaerotholus ?

Il a un crâne très épais, en forme de dôme. Des marques sur son fossile montrent qu'il utilisait sa tête pour donner des coups, comme les mouflons !

Crétacé supérieur | 2 m de long | Canada, États-Unis | omnivore (jeune), herbivore

sphaerotholus

pachycéphalosaure

Pourquoi le pachycéphalosaure a-t-il reçu 3 noms ?

Il est le plus grand membre de sa famille. Deux autres plus petits, stygimoloch et dracorex, sont finalement considérés comme des jeunes pachycéphalosaures d'âges différents.

Crétacé supérieur | 4 m de long | Canada, États-Unis | omnivore (jeune), herbivore

homalocéphale

Comment est le crâne de l'homalocéphale ?

Son crâne épaissi a la particularité d'être plat. Ses larges hanches servent peut-être à protéger son ventre des coups de tête donnés par d'autres.

Crétacé supérieur | 2 m de long | Mongolie | omnivore (jeune), herbivore

goyocéphale

Qui porte des pointes sur la tête ?

Comme les autres jeunes dinosaures à tête épaisse, le crâne du goyocéphale est bordé de petites pointes osseuses. Avec le temps, ces pointes s'usent.

Crétacé supérieur | 2 m de long | Mongolie | omnivore (jeune), herbivore

majungasaure

Crétacé supérieur | 7 m de long | Madagascar | carnivore

INCROYABLE !

Décrit à partir d'un bout de crâne, le majungasaure fut pris pour un dinosaure à tête épaisse. C'est en fait un grand prédateur qui porte une bosse sur le front !

LES CORNUS À COLLERETTE

Les cératopsiens

Se déplacent-ils tous à quatre pattes ?

Comme le liaocératops, certains des plus anciens et plus petits membres de cette famille sont bipèdes Ils ne portent pas de corne et ont une petite collerette.

Crétacé inférieur | 50 cm de long | Chine | herbivore

liaocératops

styracosaure

Qui porte la tête la plus piquante ?

Le styracosaure est remarquable avec sa collerette portant six cornes ! Il en possède également une énorme sur son museau et une petite au-dessus de chaque œil.

Crétacé supérieur | 5,5 m de long | Canada, États-Unis | herbivore

protocératops

À quoi sert la queue du protocératops ?

Sa queue porte une étonnante petite voile. Il l'utilise peut-être comme une rame pour nager ou bien comme signal visuel en la relevant et en l'agitant.

Crétacé supérieur | 2,5 m de long | Chine, Mongolie | herbivore

pentacératops

Qui a 5 cornes ?

Le pentacératops est impressionnant. En plus de ses 2 cornes au-dessus de ses yeux et de celle du nez, chaque joue forme une pointe osseuse, d'où son nom de « face à 5 cornes ».

Crétacé supérieur | 6 m de long | États-Unis | herbivore

psittacosaure

Crétacé inférieur | 2 m de long | Chine, Mongolie, Russie, Thaïlande | herbivore

INCROYABLE !

Le psittacosaure a un gros bec de perroquet et deux pointes osseuses sur les joues. Ce petit bipède porte un étrange panache de filaments sur le dessus de sa queue.

Qui a une grande collerette très légère ?

Le chasmosaure porte une très grande collerette rectangulaire, percée de deux larges ouvertures qui allègent son poids. Elle ressemble à un cadre de fenêtre !

Crétacé supérieur | 5 m de long | Canada | herbivore

chasmosaure

LE DUEL DES TRICÉRATOPS

À quoi servent les cornes ?

Celles au-dessus des yeux mesurent près d'un mètre de longueur. Une troisième est portée sur le museau au-dessus des narines. Les cornes servent à se défendre face aux prédateurs tels que le tyrannosaure.

À quoi sert la collerette ?

À impressionner les prédateurs, les autres mâles et les femelles. Elle est sûrement ornée de couleurs vives et de motifs.

Crétacé supérieur
9 m de long
Canada, États-Unis
herbivore

De quoi sont faites les cornes ?

Les cornes sont faites d'os et recouvertes d'une couche cornée de protection, comme chez les taureaux aujourd'hui. Si une corne casse, elle ne repousse pas !

Avec quel animal a-t-il été confondu ?

Lorsqu'on a découvert sa paire de cornes, on a cru que c'était un fossile de bison géant !

La collerette grandit-elle ?

Depuis leur naissance et jusqu'à leur taille adulte, la collerette grandit et s'élargit.

LES PETITS HERBIVORES

hétérodontosaure

Pourquoi l'hétérodontosaure a-t-il deux types de dents ?

Celles en forme de feuille servent à se nourrir de végétaux et les grandes canines sont très pratiques pour croquer de temps à autre des invertébrés ou se battre.

Jurassique inférieur | 1,75 m de long | Afrique du Sud | herbivore (omnivore occasionnel)

leaellynasaura

Qui porte le prénom d'une petite fille ?

Leaellynasaura a de grands yeux pour voir durant les longues nuits polaires. Son nom est un hommage à Leaellyn, la fille du couple de paléontologues qui l'a découvert.

Crétacé inférieur | 90 cm de long | Australie | herbivore

kulindadromeus

Un herbivore à plumes, ça existe ?

Le kulindadromeus a la tête, le cou et le corps couverts de longs et fins filaments, alors que du duvet protège ses bras et ses cuisses, mais sa queue est écailleuse.

Jurassique moyen | 1,5 m de long | Russie | herbivore

BIPÈDES

Les ornithischiens primitifs

À quoi ressemblent les dents de l'hypsilophodon ?

Ses dents en forme de feuille ont des crêtes de renfort lui permettant de couper des plantes dures. Il possède un cinquième doigt aux mains pour saisir les branches.

Crétacé inférieur | 2 m de long | Angleterre | herbivore

Qui se cache sous terre ?

L'oryctodromeus a été découvert dans un gros terrier : avec son large museau et sa queue flexible, il peut se déplacer à l'étroit et se protéger sous terre !

Crétacé supérieur | 1,5 m de long | États-Unis | herbivore

INCROYABLE !

Les dents sont comme des outils : en forme de fer de lance dentelé pour couper les feuilles, en ciseaux cannelés pour sectionner les branches, ou plates avec une crête pour râper et broyer !

LES GRANDS HERBIVORES À PIEDS D'OISEAU

Les iguanodontes et les hadrosauridés

Qui est le géant d'une famille de petits herbivores ?

Le rhabdodon a évolué sur une île. Il est devenu 3 fois plus gros que ses ancêtres. Il utilise son bec et ses dents cannelées pour se nourrir des plantes coriaces.

Crétacé supérieur | 6 m de long | Espagne, France | herbivore

rhabdodon

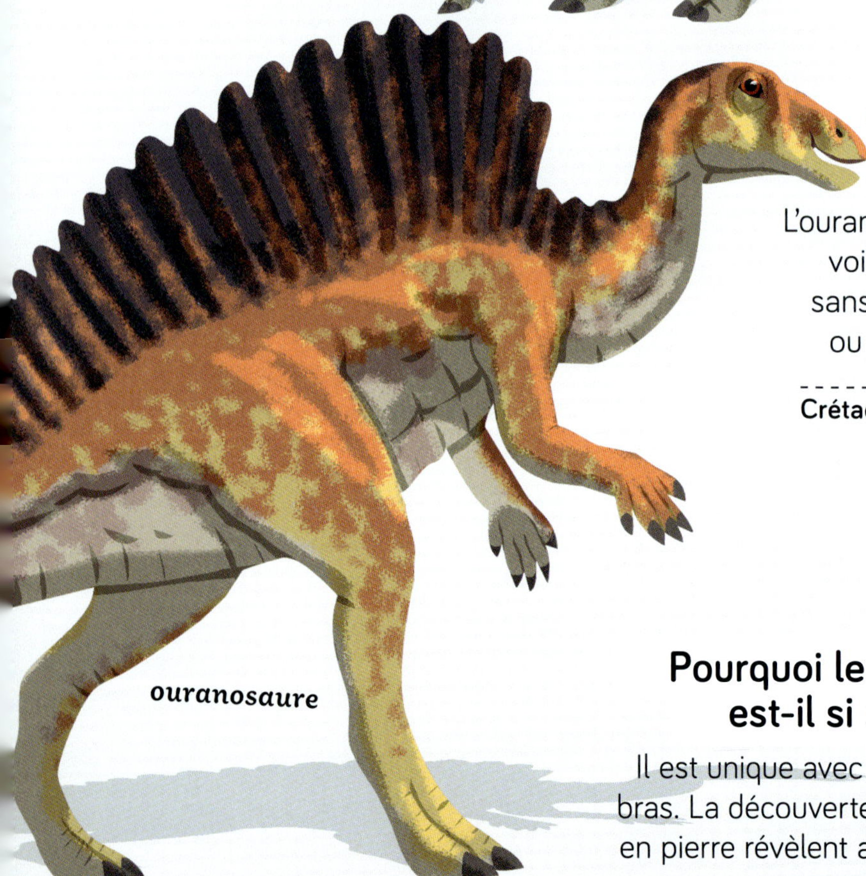

ouranosaure

Que porte l'ouranosaure sur son dos ?

L'ouranosaure est remarquable par sa grande voile sur son dos et sa queue. Elle sert sans doute de régulateur de température ou comme moyen de reconnaissance.

Crétacé inférieur | 7 m de long | Niger | herbivore

Pourquoi le brachylophosaure est-il si spectaculaire ?

Il est unique avec sa petite crête et ses longs bras. La découverte de ses squelettes momifiés en pierre révèlent aussi des détails sur sa peau, ses muscles et sa couleur !

Crétacé supérieur | 9 m de long | Canada, États-Unis | herbivore

Le parasaurolophus utilise-t-il sa crête comme une trompette ?

Durant sa vie, sa crête en forme de tube s'allonge. Il s'en sert comme caisse de résonnance pour des cris d'avertissement ou durant les parades amoureuses.

Crétacé supérieur | 9 m de long | Canada, États-Unis | herbivore

À quoi sert la crête du corythosaure ?

Cette crête en forme de disque joue un rôle d'ornement coloré pour plaire aux femelles et parader face aux autres mâles.

Crétacé supérieur | 9 m de long | Canada, États-Unis | herbivore

INCROYABLE !

Munies d'un bec de perroquet ou de canard, les mâchoires peuvent déchirer, arracher et écraser les végétaux avant de les couper ou les broyer avec les dents.

LES LONGS COUS DU JURASSIQUE

Les sauropodes primitifs, les mamenchisauridés, les diplodocidés, les brachiosauridés

shunosaure

Qui possède une massue au bout d'un fouet ?

Le shunosaure a développé un moyen de défense incomparable : une queue en forme de fouet se terminant par une massue, elle-même portant des pointes osseuses !

Jurassique supérieur | 10 m de long | Chine | herbivore

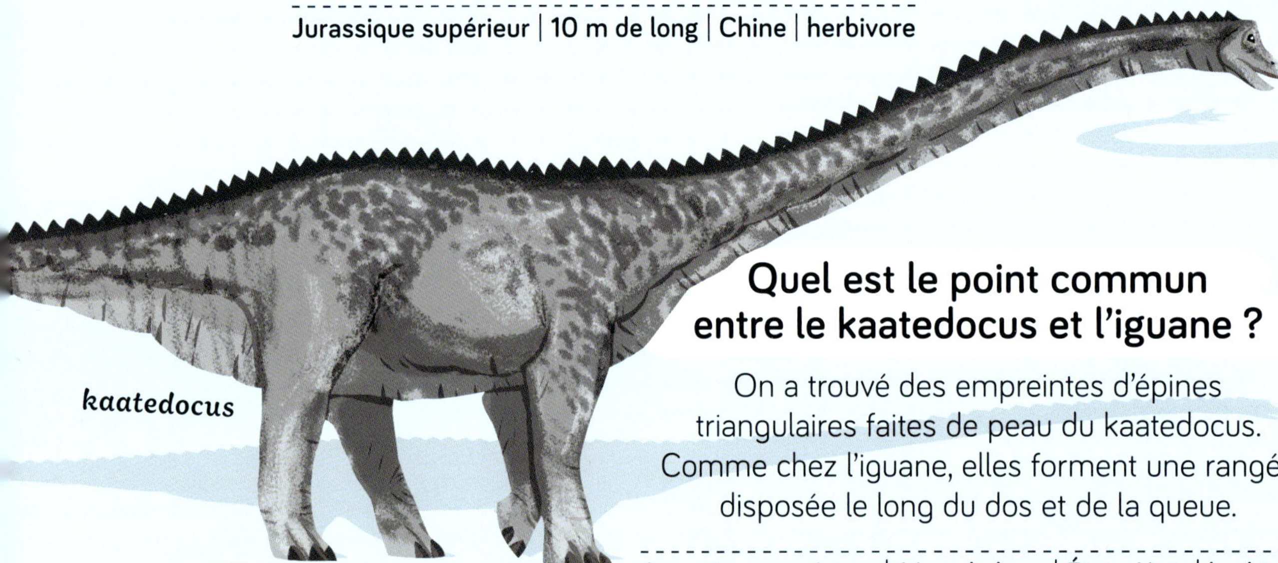

kaatedocus

Quel est le point commun entre le kaatedocus et l'iguane ?

On a trouvé des empreintes d'épines triangulaires faites de peau du kaatedocus. Comme chez l'iguane, elles forment une rangée disposée le long du dos et de la queue.

Jurassique supérieur | 14 m de long | États-Unis | herbivore

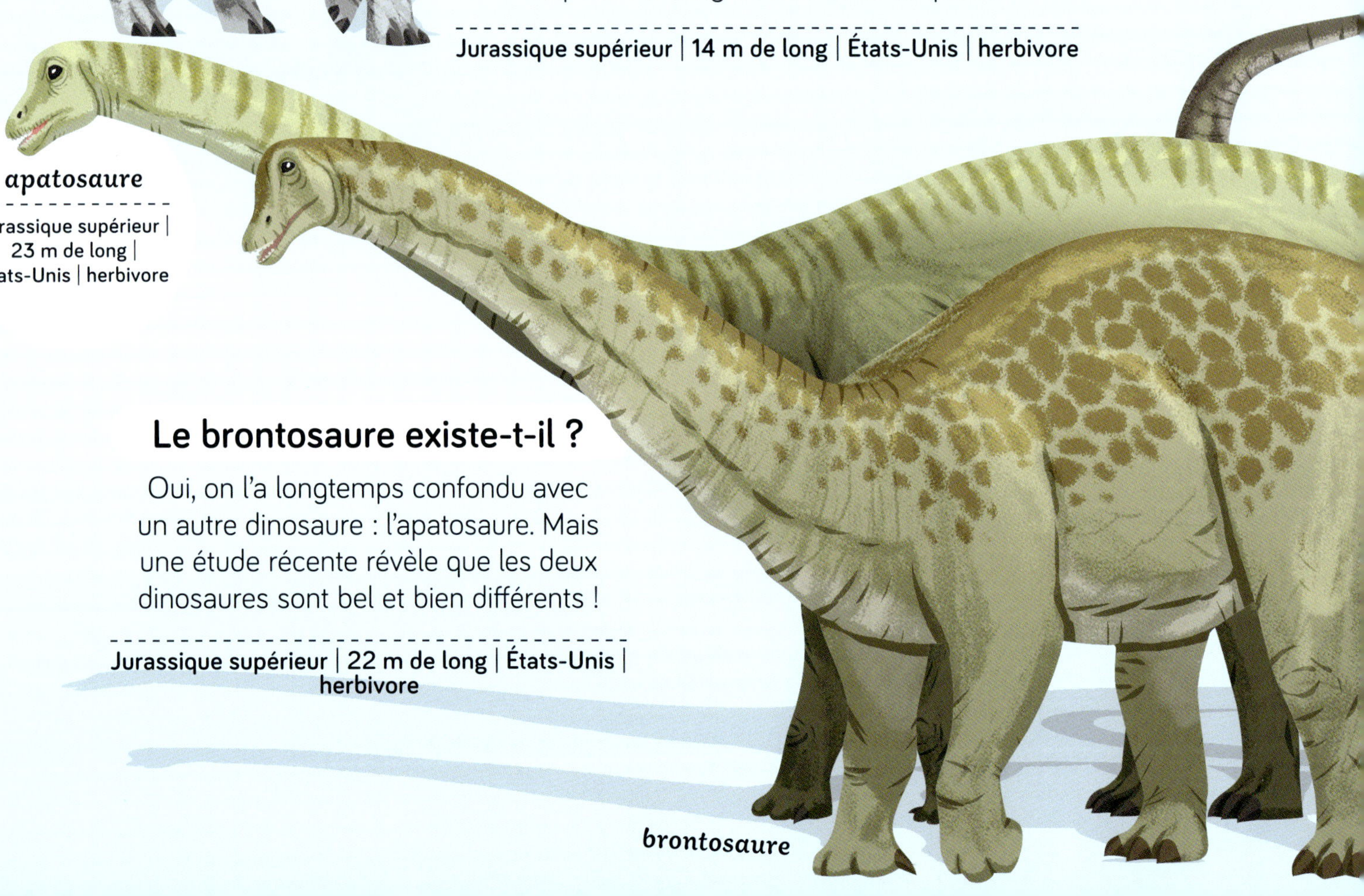

apatosaure

Jurassique supérieur | 23 m de long | États-Unis | herbivore

Le brontosaure existe-t-il ?

Oui, on l'a longtemps confondu avec un autre dinosaure : l'apatosaure. Mais une étude récente révèle que les deux dinosaures sont bel et bien différents !

Jurassique supérieur | 22 m de long | États-Unis | herbivore

brontosaure

brachytrachélopan

Qui a le plus petit cou de la famille ?

Le brachytrachélopan est un dinosaure à long cou… mais très court ! Il ne mesure que 3 mètres de long. Il l'utilise pour brouter la végétation basse.

Jurassique supérieur | 10 m de long | Argentine | herbivore

Qui a le cou le plus long ?

Le mamenchisaure possède un cou exceptionnellement long, atteignant 12 mètres. À lui seul, il représente la moitié de la longueur totale du corps !

Jurassique supérieur | 26 m de long | Chine | herbivore

mamenchisaure

brachiosaure

Jurassique supérieur | 22 m de long | Etats-Unis | herbivore

giraffatitan

Jurassique supérieur | 23 m de long | Tanzanie | herbivore

INCROYABLE !

Le giraffatitan et le brachiosaure ont longtemps été confondus, car ils se ressemblent beaucoup. Le squelette le plus grand et le plus complet au monde est en fait celui d'un giraffatitan.

MAJESTUEUX DIPLODOCUS

Quel record le diplodocus bat-il avec sa queue ?

Il peut remuer sa queue dans l'air, comme un fouet, à une vitesse approchant les 100 km/h ! Il l'utilise comme une arme défensive, ou peut-être pour communiquer.

À quoi sert ce long cou ?

Le diplodocus utilise son cou pour atteindre la végétation haute, basse ou éloignée, sans avoir besoin de bouger ! C'est un avantage lorsqu'on est si lourd.

Jurassique supérieur
26 m de long
États-Unis
herbivore

Quelle quantité de nourriture avale-t-il par jour ?

Bien qu'énorme, il ne dépense que peu d'énergie pour vivre. Un individu de 10 tonnes ne mange que 35 kilos de végétaux par jour, c'est bien moins qu'un éléphant !

Mange-t-il vraiment des cailloux ?

Oui, on les appelle des « gastrolithes » : ils sont avalés et stockés dans l'estomac. Ils servent à broyer les végétaux, et ainsi à faciliter la digestion.

Où sont ses narines ?

Même si son crâne porte des ouvertures sur son sommet, les narines charnues sont placées au bout du museau, comme chez les autres reptiles et oiseaux actuels.

LES LONGS COUS DU CRÉTACÉ

Les sauropodes rebbachisauridés, dicræosauridés et titanosauriens

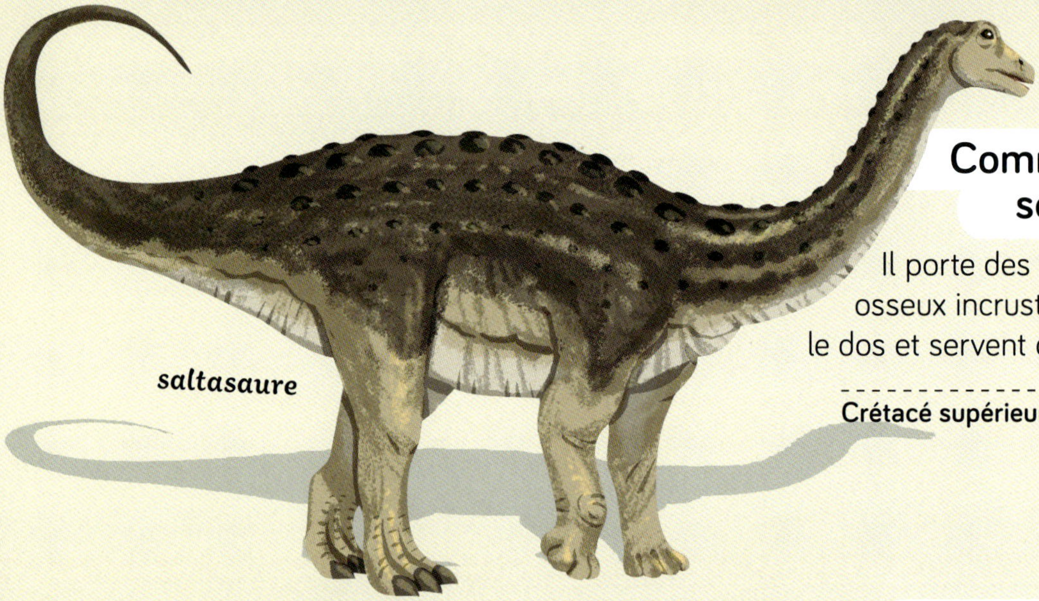

saltasaure

Comment le saltasaure se protège-t-il ?

Il porte des plaques et des petits boutons osseux incrustés dans sa peau qui recouvrent le dos et servent de protection contre les prédateurs.

Crétacé supérieur | 9 m de long | Argentine | herbivore

Quel dinosaure a une tête d'aspirateur ?

Les mâchoires du nigersaure portent toutes les dents sur une même rangée faisant face à l'avant du museau. C'est efficace pour brouter les plantes basses.

Crétacé inférieur | 9 m de long | Niger | herbivore

nigersaure

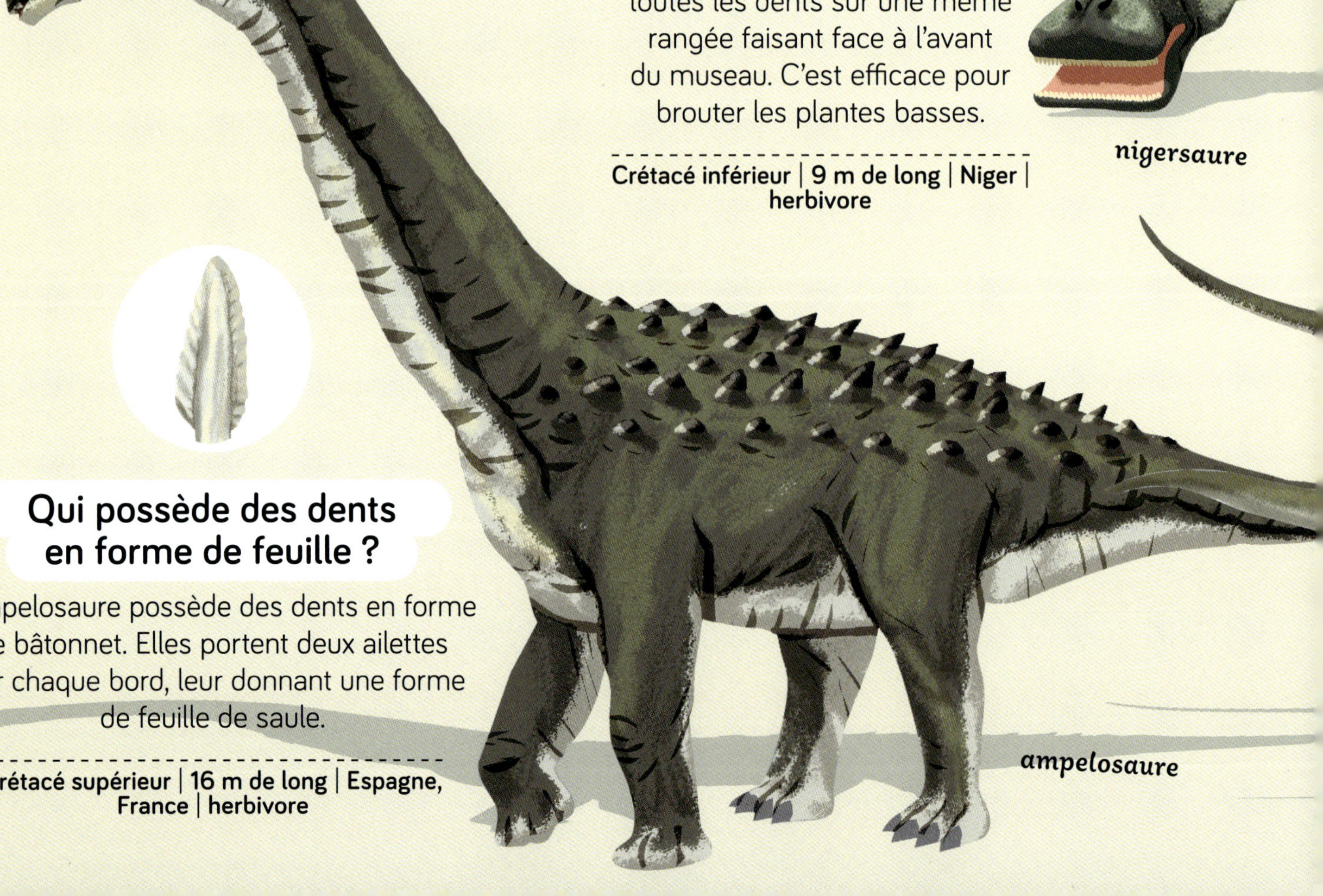

Qui possède des dents en forme de feuille ?

L'ampelosaure possède des dents en forme de bâtonnet. Elles portent deux ailettes sur chaque bord, leur donnant une forme de feuille de saule.

Crétacé supérieur | 16 m de long | Espagne, France | herbivore

ampelosaure

amargasaure

Que porte l'amargasaure sur le cou ?

Les vertèbres de son cou et de son dos forment deux rangées de hautes épines parallèles. Elles devaient être reliées les unes aux autres par un voile de peau.

Crétacé inférieur | 13 m de long | Argentine | herbivore

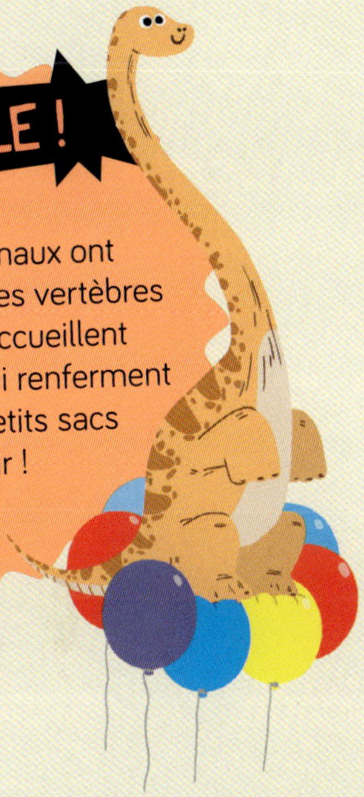

INCROYABLE !

Ces énormes animaux ont un squelette allégé. Les vertèbres du cou et du dos accueillent de grandes cavités qui renferment sans doute des petits sacs remplis d'air !

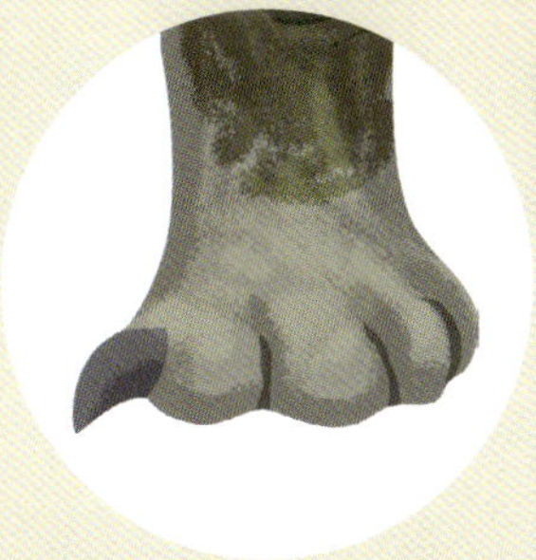

Que révèlent les pattes avant du diamantinasaure ?

Ses doigts sont verticaux et regroupés pour former une colonne soutenant son poids. Chaque doigt porte une phalange ronde, sauf le pouce qui est une énorme griffe.

Crétacé supérieur | 16 m de long | Australie | herbivore

diamantinasaure

LES PRÉDATEURS LES PLUS ÉTRANGES

Les théropodes primitifs et les cératosauriens

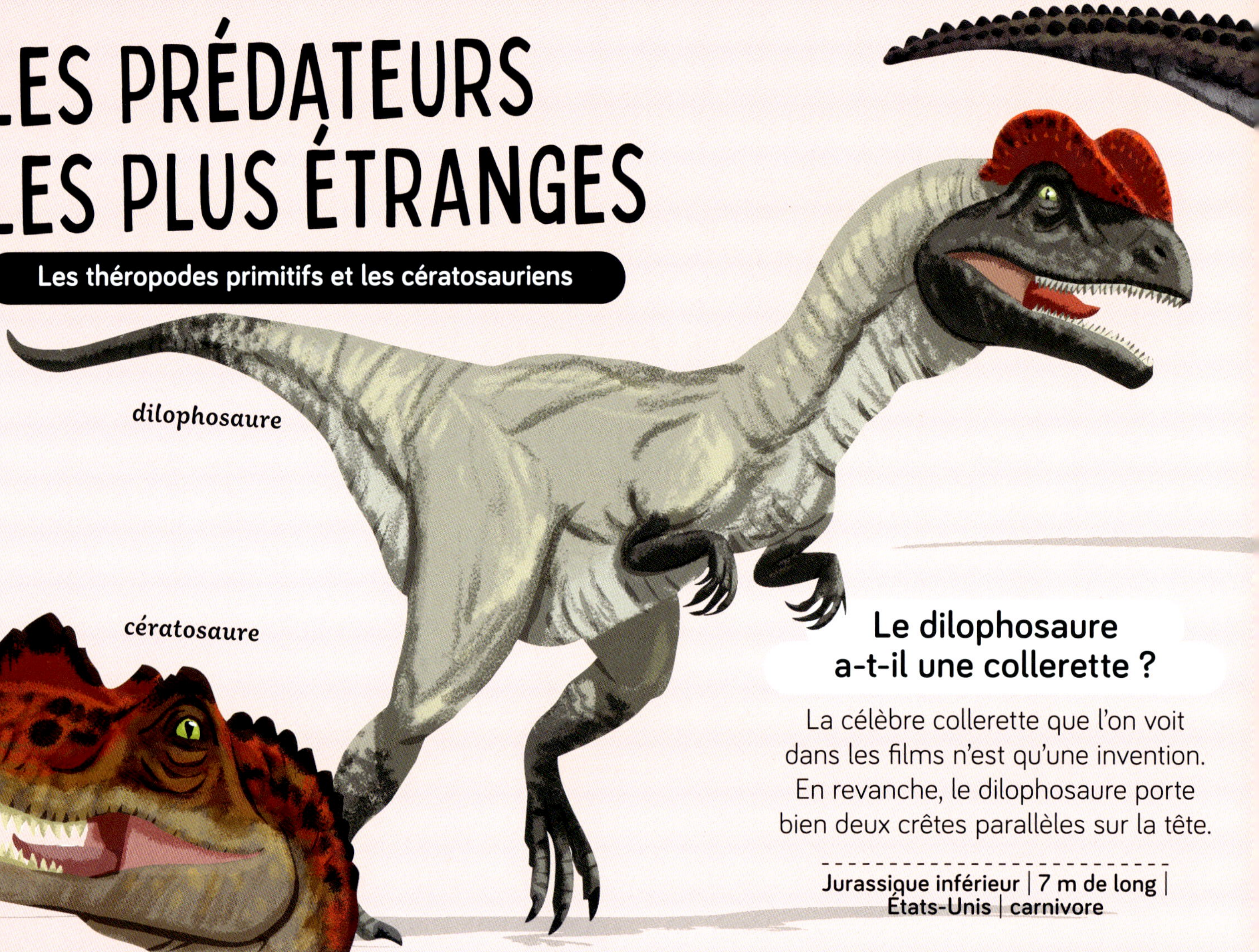

Le dilophosaure a-t-il une collerette ?

La célèbre collerette que l'on voit dans les films n'est qu'une invention. En revanche, le dilophosaure porte bien deux crêtes parallèles sur la tête.

Jurassique inférieur | 7 m de long | États-Unis | carnivore

À quoi sert la corne du cératosaure ?

Sa corne est en fait une crête osseuse décorative, qui sert surtout pendant les parades amoureuses en affichant des couleurs vives.

Jurassique supérieur | 7 m de long | États-Unis, Portugal | carnivore

Pourquoi le masiakasaure a une drôle de gueule ?

Les premières dents de ses mâchoires sont courbées vers l'avant et plus longues que les autres. Il s'en sert pour harponner et maintenir ses proies.

Crétacé supérieur | 2 m de long | Madagascar | carnivore

carnotaure

Qui est le « taureau carnivore » ?

Le carnotaure qui porte deux grosses excroissances osseuses au-dessus des yeux. Certainement recouvertes de corne, elles servent à impressionner les rivaux.

Crétacé supérieur | 8 m de long | Argentine | carnivore

arcovénator

cryolophosaure

Jurassique inférieur | 7 m de long | Antarctique | carnivore

Quel est le dernier gros carnivore européen ?

L'arcovénator est le plus gros carnivore européen de son époque. Il possède deux gros bourrelets osseux courant depuis les yeux jusqu'au bout du museau.

Crétacé supérieur | 6 m de long | Espagne, France | carnivore

INCROYABLE !

Le cryolophosaure porte une crête nasale en éventail. Cela lui vaut le surnom d'«Elvis» car elle rappelle la coiffure du célèbre chanteur Elvis Presley.

LES PRÉDATEURS LES PLUS TERRIFIANTS

Les tétanoures (sans les maniraptoriformes)

Qui est le superprédateur du Jurassique ?

Avec son énorme crâne de 1,30 mètre de long et ses bras courts mais musclés et griffus, le torvosaure est le plus grand carnivore et le plus lourd de son époque.

Jurassique moyen à supérieur | 10 m de long | Allemagne, États-Unis, Portugal | carnivore

Qui est le plus terrible prédateur du Sud ?

Le giganotosaure est le plus gros carnivore de l'hémisphère Sud. Son crâne de 1,80 mètre de long est plus imposant que celui du tyrannosaure !

Crétacé supérieur | 13 m de long | Argentine | carnivore

Qui est le dinosaure aux dents de requin ?

Les dents triangulaires et dentelées du carcharodontosaure lui valent la comparaison avec celles du grand requin blanc. Son énorme crâne mesure 1,50 mètre !

Crétacé supérieur | 13 m de long | Algérie, Maroc, Égypte | carnivore

Qui utilise sa grosse griffe pour pêcher ?

Le baryonyx : son énorme griffe est très pratique pour pêcher les poissons de rivière, mais aussi pour attraper d'autres dinosaures qui s'approchent trop près de l'eau !

Crétacé supérieur | 10 m de long | Angleterre | carnivore

tarbosaure

Crétacé supérieur | 10 m de long | Mongolie | carnivore

Qui a été confondu avec les raptors ?

Le mégaraptor a été pris pour un très gros « raptor » en imaginant ses grandes griffes sur les pieds. En fait ce sont ses mains qui portent ces énormes armes !

Crétacé supérieur | 9 m de long | Argentine | carnivore

INCROYABLE !

Malgré sa grande taille et un énorme crâne de 1,35 mètre de long, le tarbosaure est un prédateur qui possède des bras minuscules munis de deux doigts !

LE TYRANNOSAURE, ROI DES DINOSAURES !

Existe-t-il plusieurs espèces de tyrannosaures ?

Longtemps, il n'y a eu que *Tyrannosaurus rex* ou *T. rex* pour « le roi ». Depuis peu, de nouvelles espèces légèrement différentes sont proposées : « la reine » *T. regina*, « l'empereur » *T. imperator* et « le costaud » *T. mcraeensis.*

Combien de spécimens connaît-t-on ?

Plus de 40 individus sont connus dont 10 avec des squelettes assez complets ! Ils ont des surnoms : « le duelliste », Sue, Trix, Scotty, Thomas, Stan, Tristan, Jane, Peter et Wankel.

Crétacé supérieur
12,5 m de long
Canada, États-Unis
carnivore

Quel est le plus gros tyrannosaure ?

Avec un crâne de 1,40 mètre de long, Sue est une femelle tyrannosaure. C'est le plus grand, le plus lourd, 9 tonnes, et le plus complet des individus connus à ce jour.

Que nous apprend le squelette de Sue ?

Son cerveau indique qu'elle avait une bonne vue et un bon odorat, sa mâchoire montre qu'elle avait une maladie osseuse, ses os des jambes révèlent qu'elle était une femelle enceinte, peu rapide à son grand âge, 30 ans. Les empreintes de peau prouvent qu'elle ne portait pas de plumes !

Qui est le nanotyrannus ?

En observant de petits squelettes, certains paléontologues ont pensé qu'il s'agissait de jeunes tyrannosaures. Pour d'autres c'est une espèce naine : le nanotyrannus !

LES EMPLUMÉS

Les maniraptoriformes (sans les paraviens)

gallimimus

Crétacé supérieur | 6 m de long | Mongolie | omnivore

ornithomimus

Crétacé supérieur | 4 m de long | États-Unis | omnivore

Qui court très vite ?

Les « dinosaures autruches » comme l'ornithomimus ou le gallimimus sont taillés pour la course, avec une vitesse maximale estimée à environ 60 km/h !

Qui est le dinosaure « autruche-chameau-canard » ?

Le deinocheirus est un dinosaure étrange avec son bec de canard, son allure d'autruche, sa haute voile osseuse sur le dos et ses bras démesurés de 2,40 mètres de long !

Crétacé supérieur | 11 m de long | Mongolie | omnivore

deinocheirus

beipiaosaure

À quoi servent les plumes du beipiaosaure ?

Il a différents types de plumes : le duvet sert d'isolant thermique tandis que les filaments et les pennes sont de l'ornementation.

Crétacé inférieur | 2 m de long | Chine | herbivore

thérizinosaure

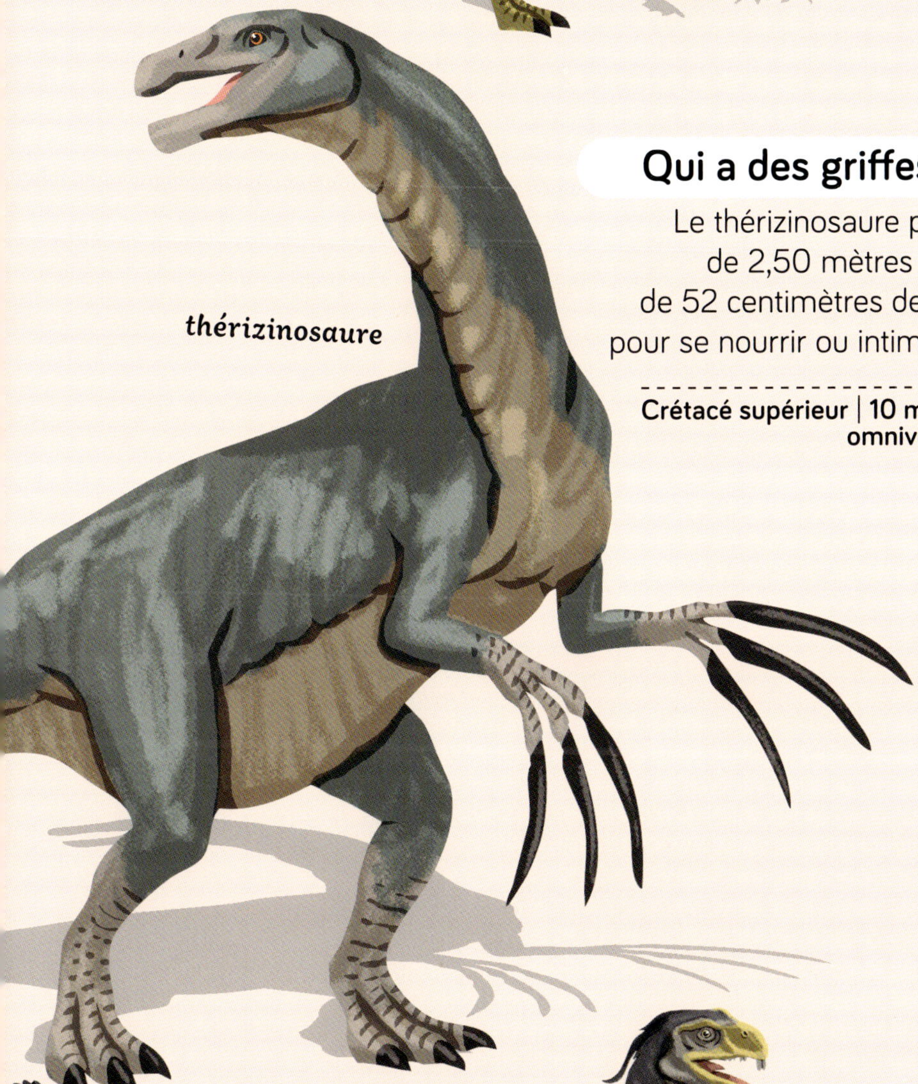

Qui a des griffes immenses ?

Le thérizinosaure possède un bras de 2,50 mètres et des griffes de 52 centimètres de long ! Il les utilise pour se nourrir ou intimider ses adversaires.

Crétacé supérieur | 10 m de long | Mongolie | omnivore

oviraptor

Crétacé supérieur | 2 m de long | Mongolie | herbivore

INCROYABLE !

L'oviraptor fut trouvé près d'un nid rempli d'œufs attribués au protocératops, d'où son nom de « voleur d'œufs ». Mais c'est une erreur : ce sont ses propres œufs et il s'en s'occupait !

incisivosaure

Qui ressemble à un lapin ?

L'incisivosaure possède de longues dents à l'avant de sa gueule. Grâce aux puissants muscles de sa mâchoire, il peut ouvrir des noix !

Crétacé inférieur | 1 m de long | Chine | herbivore

LES RAPTORS

Les paraviens deinonychosauriens

À quoi sert la « terrible griffe » du deinonychus ?

Comme les autres raptors, il porte une énorme griffe sur son second orteil. Il la garde en l'air pour ne pas l'abîmer et s'en sert pour poignarder ses proies.

Crétacé supérieur | 3 m de long | États-Unis | carnivore

Qui a les dents les plus effrayantes ?

Les dents du troödon sont triangulaires avec des bords tranchants portant des dentelures comme un couteau à steak ! Cela lui vaut son nom de « dent blessante ».

Crétacé supérieur | 2 m de long | États-Unis | carnivore

Qui est le « voleur du feu » ?

Le pyroraptor est l'un des prédateurs les plus vifs d'Europe durant la fin du Crétacé. Ses ossements ont été découverts après un incendie de forêt récent.

Crétacé supérieur | 2 m de long | Espagne, France | carnivore

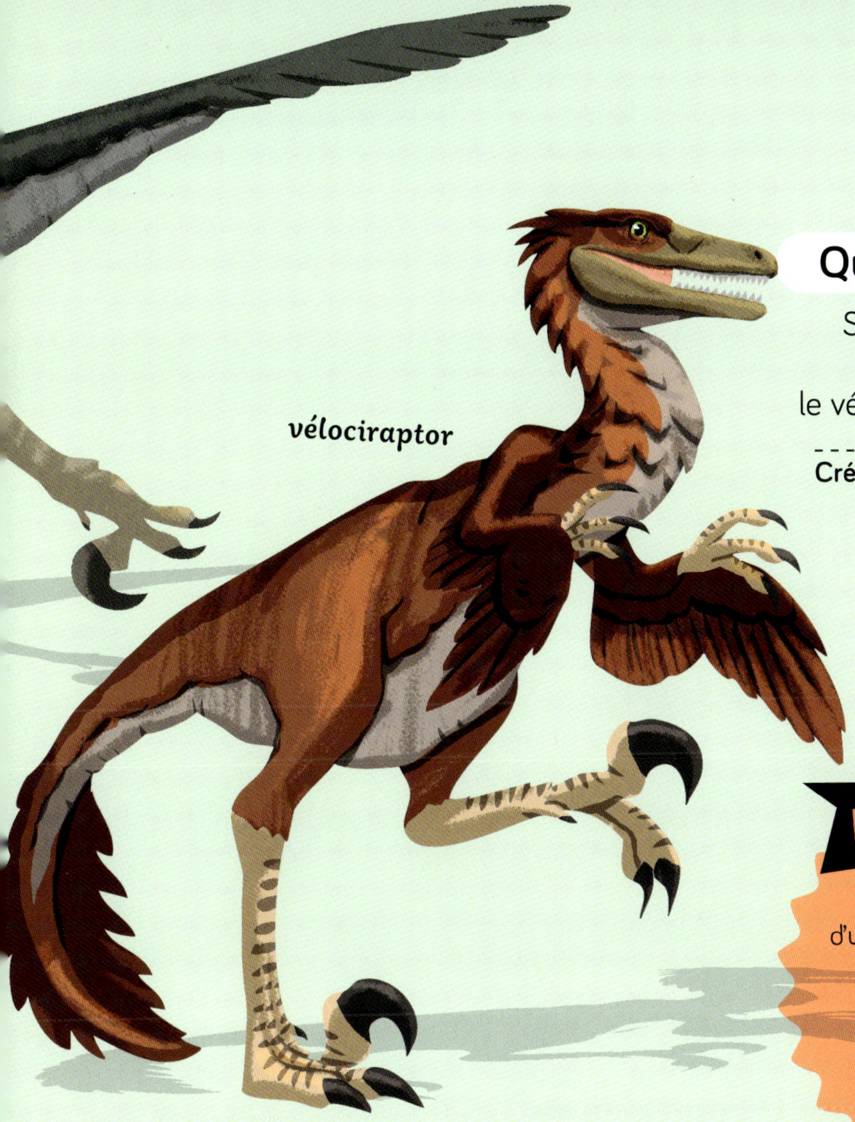

Quelle taille fait le vélociraptor ?

Sa version hollywoodienne est bien trop grosse en comparaison de la réalité : le vélociraptor n'est pas plus haut qu'un chien !

Crétacé supérieur | 2 m de long | Chine, Mongolie, Tajikistan | carnivore

INCROYABLE !

Il existe un fossile d'un combat figé dans le temps : un vélociraptor s'agrippant au cou d'un protocératops. Le prédateur serait mort coincé sous le poids de sa proie !

Qui est très malin ?

Le petit prédateur bambiraptor a un très gros cerveau en comparaison de la taille de son corps. Il est l'un des dinosaures les plus malins !

Crétacé supérieur | 1,5 m de long | États-Unis | carnivore

LES DINOISEAUX

Les paraviens avialiens

Les « dinoiseaux », ça existe ?

« Dinoiseaux » est le surnom donné aux avaliens, un groupe de dinosaures à plumes et à ailes. Ce sont des oiseaux primitifs, mais pas les ancêtres de nos oiseaux modernes.

Quel point commun l'amboptéryx a-t-il avec la chauve-souris ?

Il possède un troisième doigt très allongé. Il devait être couvert de plumes et relié aux autres par une membrane de peau. Sa main forme ainsi une aile !

Jurassique supérieur | 30 cm de long | Chine | omnivore

Connaît-on la couleur de l'anchiornis ?

Ses plumes sont si bien conservées qu'on a pu étudier les pigments fossiles : son corps est gris, ses ailes noires et blanches et sa crête plumeuse est rouge vif.

Jurassique supérieur | 60 cm de long | Chine | omnivore

L'archéoptéryx peut-il battre des ailes ?

Avec ses ailes et sa queue plumée, il se laisse planer dans les airs pour attraper ses proies. En quelques battements d'ailes, il peut atteindre les branches des arbres.

Jurassique supérieur | 70 cm de long | Allemagne | omnivore

archéoptéryx

épidexipteryx

Jurassique moyen | 25 cm de long | Chine | omnivore

Qu'est-ce qui est nouveau chez le confuciusornis ?

Avec son bec édenté, son derrière emplumé sans longue queue osseuse et son poitrail osseux où se fixent ses muscles des bras, il ressemble presque à un oiseau moderne !

Crétacé inférieur | 50 cm de long | Chine | omnivore

INCROYABLE !

Au bout de sa courte queue, l'épidexipteryx porte de longues plumes en forme de rubans qu'il utilise pour parader comme un paon.

confuciusornis

LES RECORDS

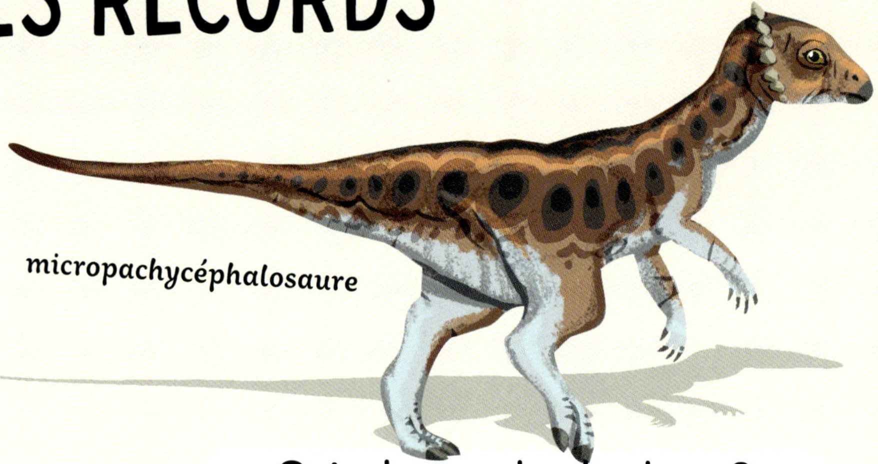

Qui a le nom le plus court ?

Yi est le nom le plus court donné à un dinosaure. Il s'agit d'un petit « dinoiseau » proche de l'amboptéryx.

Jurassique moyen | 70 cm de long | Chine | omnivore

Qui a le nom le plus long ?

Micropachycéphalosaure détient le record de nom le plus long. Il s'agit d'un petit dinosaure bipède de la famille des cératopsiens.

Crétacé supérieur | 1 m de long | Chine | herbivore

Qui est le plus petit dinosaure ?

Le plus petit dinosaure fossile, non oiseau, est le microraptor (77 cm) tandis que le plus petit « dinoiseau » fossile est l'anchiornis (62 cm). Mais le record est détenu par un dinosaure qui vit encore de nos jours, le colibri d'Elena (5,5 cm) !

Actuel | 5,5 cm de long | Cuba | nectarivore

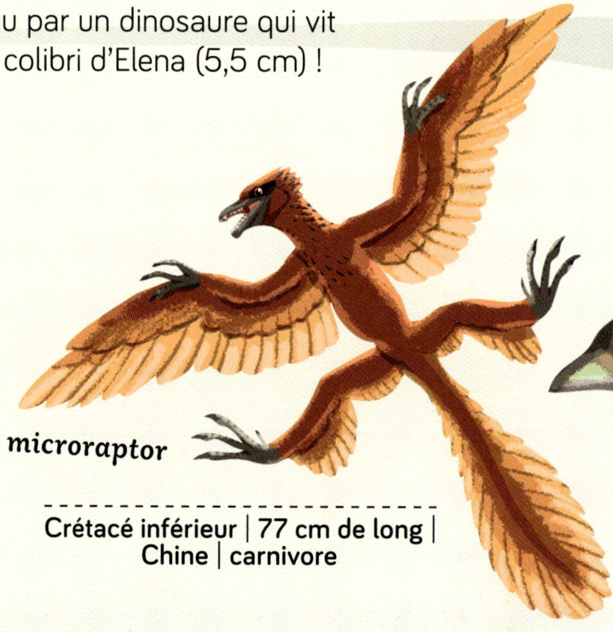

Crétacé inférieur | 77 cm de long | Chine | carnivore

Qui est le plus gros dinosaure ?

Le plus gros dinosaure connu à ce jour est l'argentinosaure. Avec ses 80 tonnes et ses 36 mètres de longueur, c'est un colosse !

Crétacé supérieur | 36 m de long | Argentine | herbivore

Qui est le plus long herbivore ?

À ce jour, c'est le supersaure. Avec ses 39 mètres de longueur, il s'agit d'un « superdiplodocus » !

Jurassique supérieur | 39 m de long | États-Unis | herbivore

Qui est le plus long carnivore ?

C'est le célèbre spinosaure, qui atteindrait 15 mètres de longueur. Il est plus long que le tyrannosaure mais pas plus gros.

Crétacé supérieur | 15 m de long | Égypte | carnivore

LA FIN DES DINOSAURES ?

CATASTROPHES !

Quand ont disparu les dinosaures ?

L'extinction qui toucha les dinosaures eut lieu il y a 66 millions d'années. L'analyse de fossiles de poissons montre que c'était un jour de printemps !

isisaure

Crétacé supérieur | 18 m de long | Inde | herbivore

rajasaure

Crétacé supérieur | 6,5 m de long | Inde | carnivore

Y avait-il des volcans ?

Oui, il y en avait de nombreux en Inde, dans l'actuelle région du Deccan. Les éruptions ont duré presque 700 000 ans. Elle furent amplifiées suite aux secousses d'un impact de météorite.

Une météorite est-elle la cause principale ?

Oui, un cratère de 200 kilomètres de diamètre est visible au Mexique, à Chicxulub dans la province du Yucatán. La météorite avait une taille d'environ 10 kilomètres de diamètre ! Ce fut le coup fatal s'ajoutant au volcanisme indien.

Quelles sont les conséquences ?

Séismes, tsunamis, incendies, pluies acides, ciel obscurci par la poussière, chute de la température, hiver de plusieurs années, mort des plantes et des animaux ! Il y a eu ensuite un important réchauffement climatique avec sécheresse.

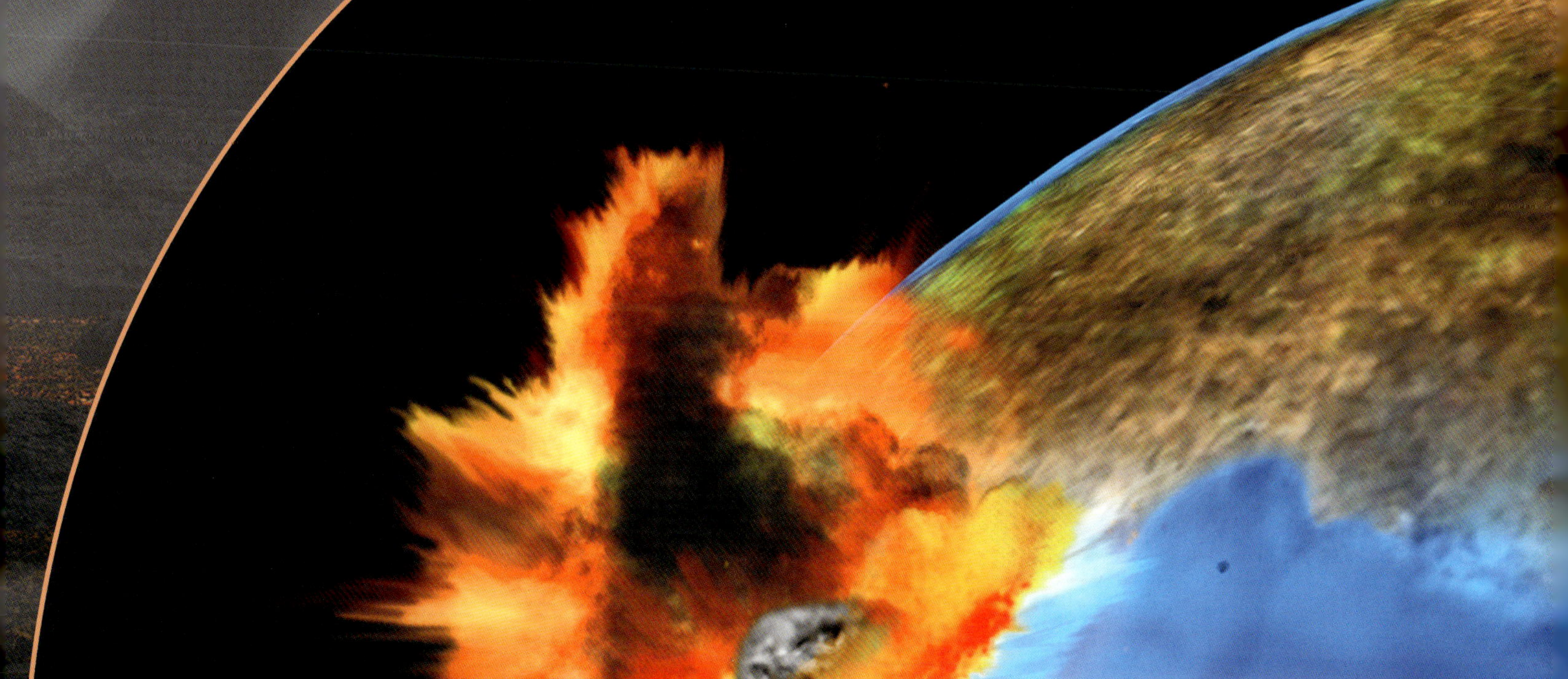

Combien de temps la crise a-t-elle duré ?

L'obscurité aurait duré 2 ans, mais il a fallu attendre 1 à 2 millions d'années avant que les conditions de vie redeviennent normales sur Terre.

QUI A SURVÉCU À CETTE CRISE ?

Quelle est la taille idéale pour survivre ?

Plutôt petite comme celle des oiseaux : on peut se cacher facilement pour se mettre à l'abri, on mange en moindre quantité et on se réchauffe plus rapidement.

Qui est le mieux protégé du froid ?

Ceux qui portent une couverture d'isolant thermique faite de plumes duveteuses ou une fourrure de poils, comme les mammifères. Ainsi, on garde mieux la chaleur corporelle.

Que manger ?

Il est plus facile de se nourrir lorsqu'on mange ce qui se conserve longtemps (ce que font les oiseaux, les mammifères), ou tout ce qu'on trouve (ce que font les requins) ou lorsqu'on digère lentement (ce que font les reptiles).

crocodiles

Comment assurer la survie de l'espèce ?

Lorsqu'on pond énormément d'œufs d'un coup ou lorsqu'on pouponne et qu'on protège les quelques petits que l'on a, on augmente les chances de survie de l'espèce.

Est-ce une bonne idée d'hiberner ?

Oui ! Lorsqu'on peut entrer en somnolence en ralentissant le rythme de son corps, on mange moins et on peut passer l'hiver facilement.

tortue

gastornis

Paléogène inférieur et moyen | 2 m de haut | Chine, États-Unis, France | herbivore

INCROYABLE !

Aux côtés des mammifères, les premiers vertébrés à avoir recolonisé la Terre dévastée sont les oiseaux... Les dinosaures n'ont donc pas disparu et ils sont rapidement redevenus très gros, comme le gastornis !

LES FOUILLES DE PALÉONTOLOGUE

Comment devient-on paléontologue ?

Il faut d'abord étudier la géologie (les roches, le sol) ou la biologie (la vie), puis la paléontologie (la vie ancienne). Ensuite on peut aller sur des sites de fouilles à travers le monde !

Qu'est-ce qu'un fossile ?

Ce sont des restes de plantes ou d'animaux enfouis dans le sol après leur mort qui se sont transformés en pierre avec le temps. Un fossile appartient au propriétaire du terrain où il a été trouvé !

Existe-t-il d'autres types de fossiles ?

Oui, il y a également les empreintes de pas. Les traces de vie sur le sol, l'intérieur de coquilles ou de terriers sont des moulages naturels fossilisés.

Avec quels outils travaillent les paléontologues ?

Avec tout ce qui permet de creuser le sol et de dégager les fossiles. Il y a les gros outils : pelle, pioche, marteau-piqueur ; et des petits : marteau, burin, brosse, couteau.

Qu'est-ce que l'ambre ?

L'ambre est une pierre transparente jaune orangée. C'est la résine des arbres qui a durci avec le temps : des insectes ou des plantes peuvent être emprisonnés dedans !

INCROYABLE !

À l'aide d'un adulte et si tu as les bons équipements et protections (chapeau, lunettes, gants), tu peux chercher des fossiles partout où il n'y a pas d'interdiction. As-tu entendu parler de Mary Anning qui a découvert ses premiers fossiles à 12 ans ?

OÙ DÉCOUVRIR CES DINOSAURES ?

Europe

Et aussi :

- ampelosaure
- hypsilophodon
- iguanodon
- loricatosaure
- dacentrurus
- procompsognathus
- pyroraptor
- rhabdodon
- torvosaure

Amérique du Nord

Et aussi :

- ankylosaure
- apatosaure
- bambiraptor
- brachylophosaure
- brontosaure
- cératosaure
- chasmosaure
- cœlophysis
- corythosaure
- daemonosaure
- dilophosaure
- euoplocephalus
- iguanodon
- isisaure
- kaatedocus
- ornithomimus
- oryctodromeus
- pentacératops
- parasaurolophus
- rajasaure
- torvosaure
- troödon
- sauropelta
- sphaerotholus
- stégocéras
- styracosaure
- supersaure

Afrique

Et aussi :

- giraffatitan
- hétérodontosaure
- nyasasaure
- ouranosaure
- spicomellus

Amérique du Sud

Et aussi :

- amargasaure
- brachytrachélopan
- corythosaure
- gigantosaure
- herrerasaure
- megaraptor
- saltasaure

Antarctique

- cryolophosaure

Asie

Et aussi :

- amboptéryx
- beipiaosaure
- épidexitpteryx
- incisivosaure
- isisaure
- micropachycéphalosaure
- microraptor
- rajasaure
- shunosaure
- tarbosaure
- yi

INCROYABLE !

Les dinosaures ont été découverts sur tous les continents actuels, même en Antarctique ! Leur répartition montre qu'ils ont voyagé et qu'ils se sont adaptés à tous les environnements.

INCROYABLES DINOS !

Les dragons sont-ils des dinosaures ?

On pense que le mythe des dragons, partout dans le monde, est né d'anciennes découvertes de squelettes de dinosaures !

Qu'est-ce qu'un griffon ?

C'est un animal mythologique avec un corps de lion, un bec de perroquet et des ailes. Il a peut-être été créé à partir de la découverte d'un squelette de protocératops !

Merlin l'Enchanteur a-t-il trouvé des dinosaures ?

La légende médiévale raconte qu'il a révélé la présence de deux dragons dans les fondations d'une tour en construction. C'est ce que font les paléontologues aujourd'hui !

Les premières représentations de dinosaures étaient-elles bien faites ?

Non, car on manquait d'informations. Le pouce osseux de l'iguanodon fut placé sur son nez comme une corne, et il était imaginé comme un gros iguane rampant !

Qu'est-ce que la « guerre des os » ?

À la fin du 19e siècle, la dispute entre les paléontologues Charles Marsh et Edward Cope déclencha une bataille entre leurs fouilleurs. La motivation à être le meilleur les a conduits à nommer 136 genres de dinosaures !

INCROYABLE !

Nous mangeons des dinosaures ! Les oiseaux étant des dinosaures, les poulets rôtis ou les dindes farcies sont de succulents survivants. Le tyrannosaure avait certainement un goût de poulet !

INDEX